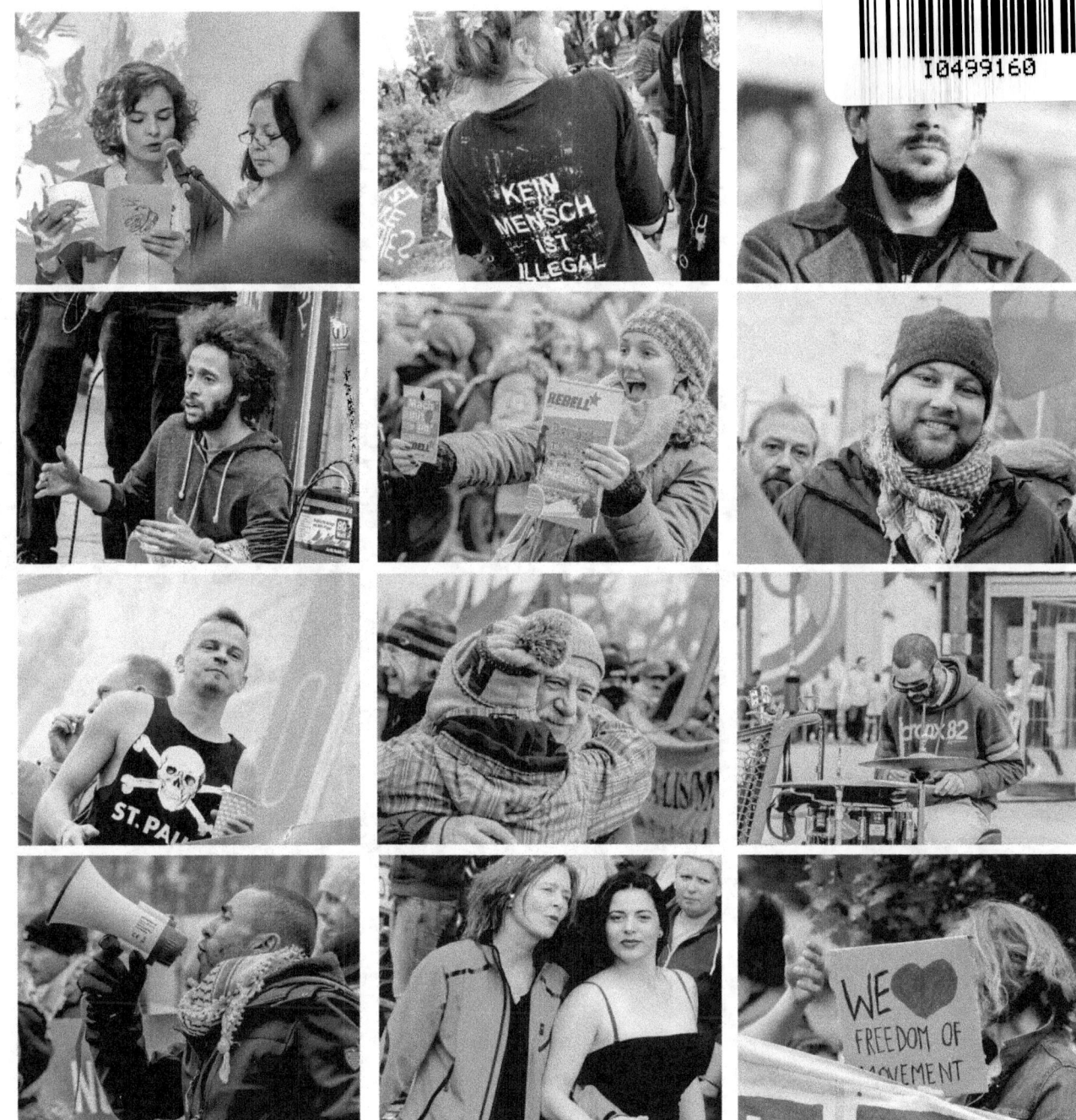

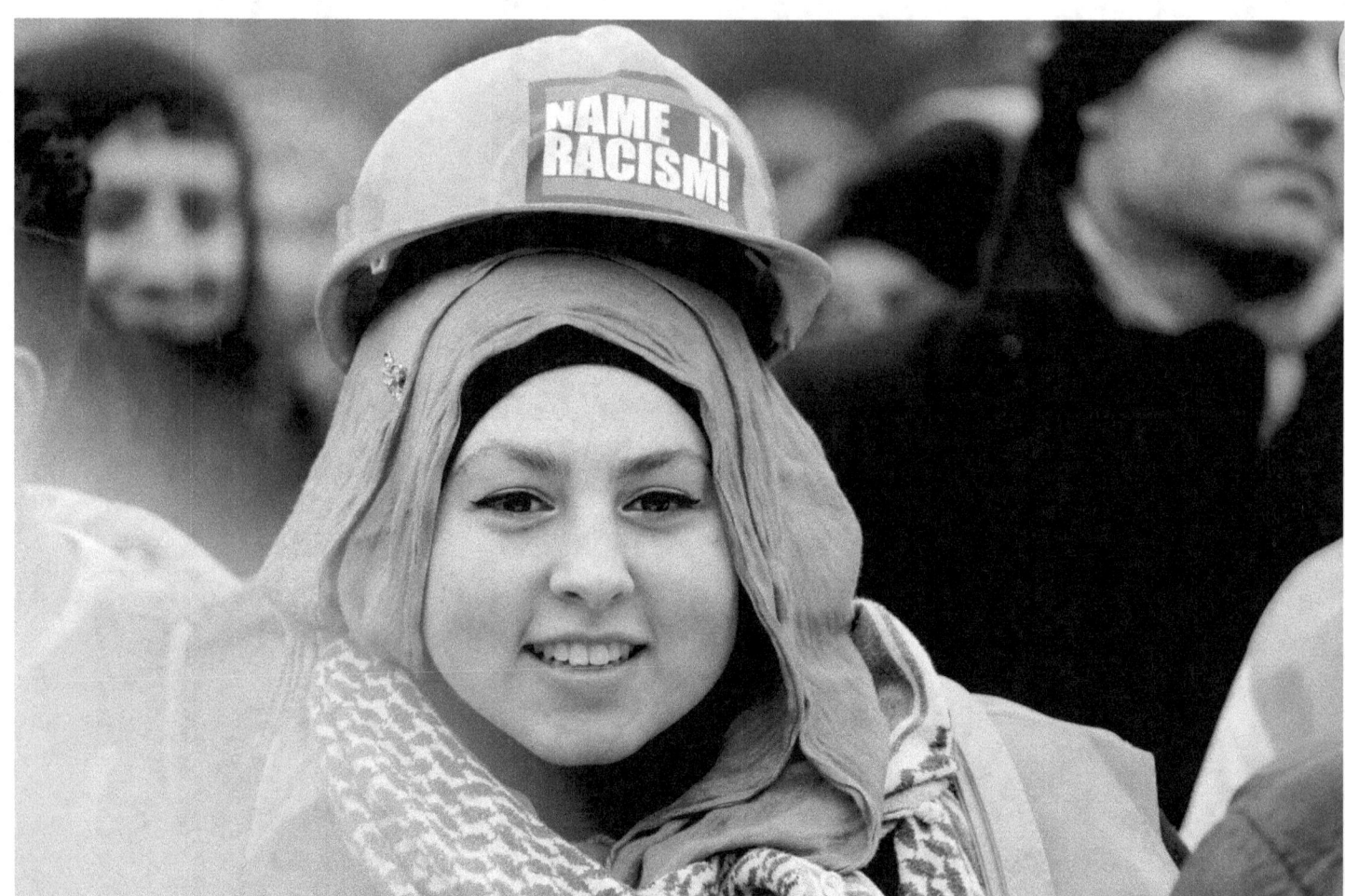

Dieser kurze Ausschnitt einer Ausstellung ist für uns, Andrea Kähler und Jens Schulze, ein durchaus typisches Abbild unserer fotografischen Arbeiten. Die Aussage trifft auf die Bildkomposition, wie auch auf unsere Zusammenarbeit als Arbeiterfotografen*innen zu. Den Betrachter*innen soll es nicht um die Person hinter, sondern um Menschen und gesellschaftliche Zustände vor der Kamera gehen.

Wir treten mit unseren Arbeiten bewusst für Antifaschismus, Solidarität und Einheitsgewerkschaft ein, in einer Gesellschaft der Freiheit und Gleichheit aller Menschen ohne Macht über andere Menschen und damit in einer Welt ohne Ausbeutung. Wir fotografieren das Leben der Menschen und bewegen uns zwischen emphatischer Dokumentation und Reportage mit konkreter Anklage sozialer Ungleichheit und bewusst herbeigeführter politischer Wirkung. Wir handeln im fotografischen Erbe der internationalen Arbeiterfotografen*innen.

Aus welchem Grunde haben wir in diesem Fall auf einen Bildnachweis verzichtet? In unseren Augen liegt der Schwerpunkt nicht darauf, ob sich diese Szenen in Berlin, Belfast, Kopenhagen, Dublin oder Paris abspielen, sondern auf den Menschen in ihren speziellen sozialen Kontexten.

Wer gern mehr erfahren möchte, besucht unsere Ausstellungen oder nimmt Kontakt auf.

Wir freuen uns auch EUCH!

no border no nation

Berlin, 8. Februar 2018

www.arbeiterfotografie-berlin.de

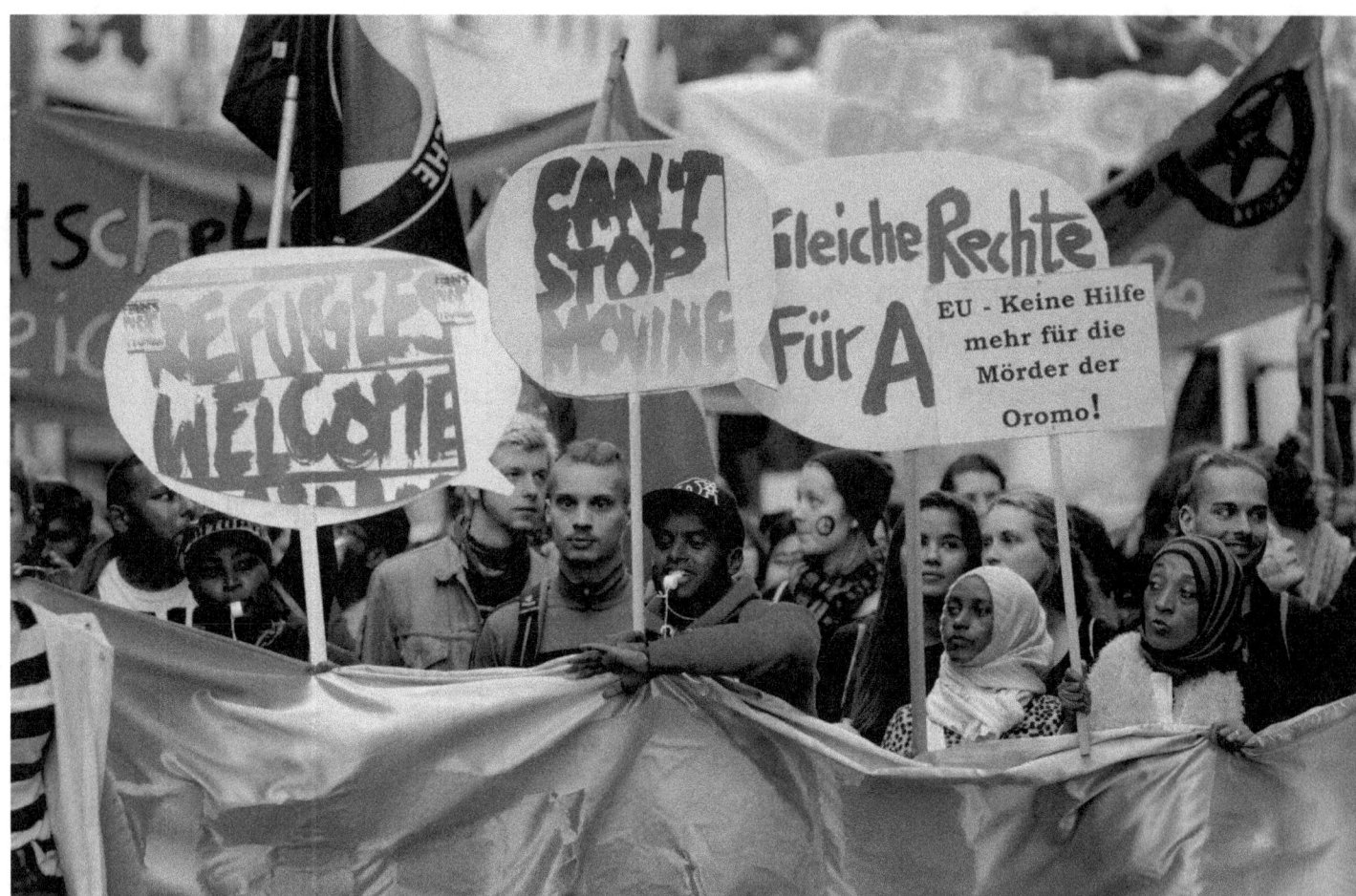

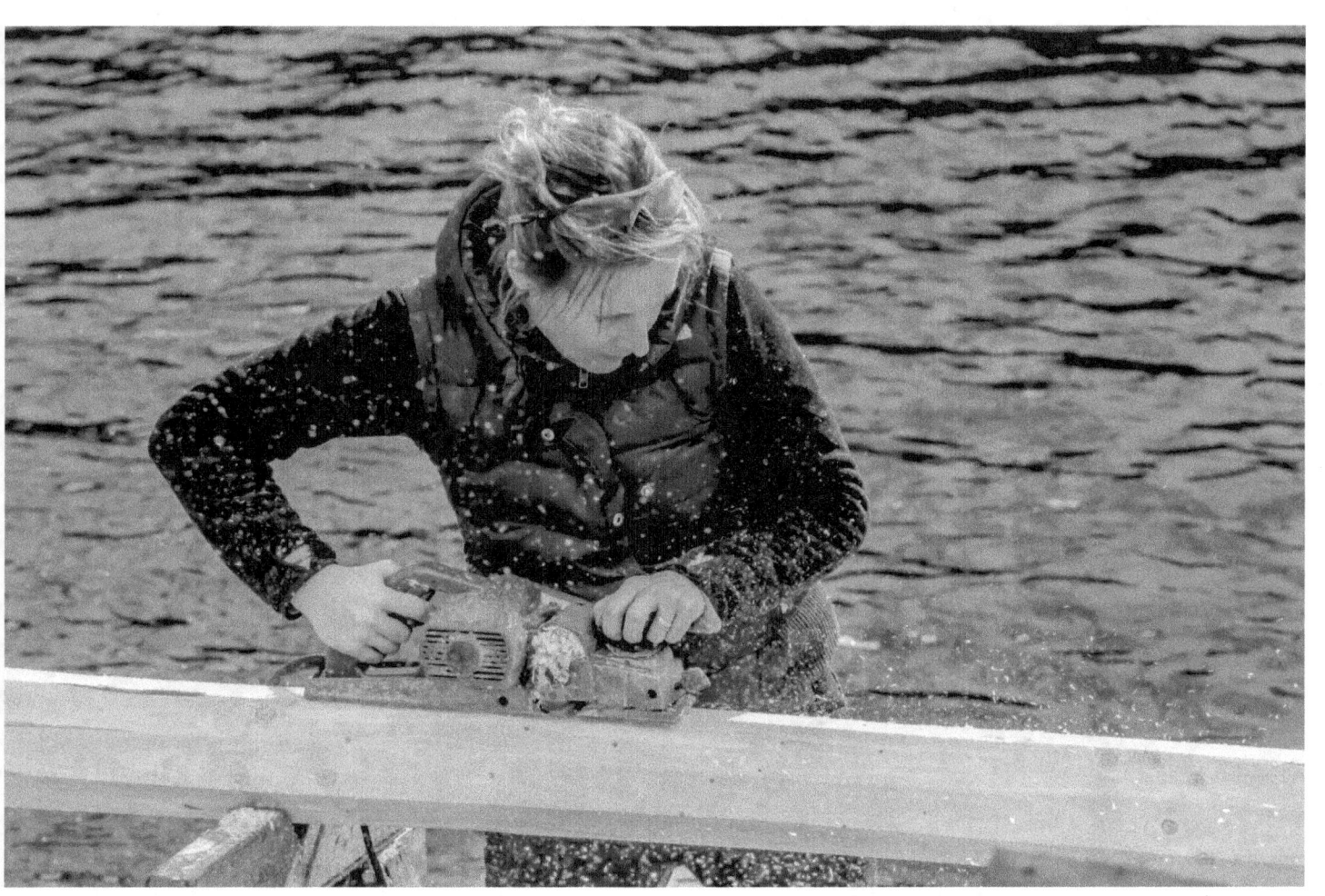

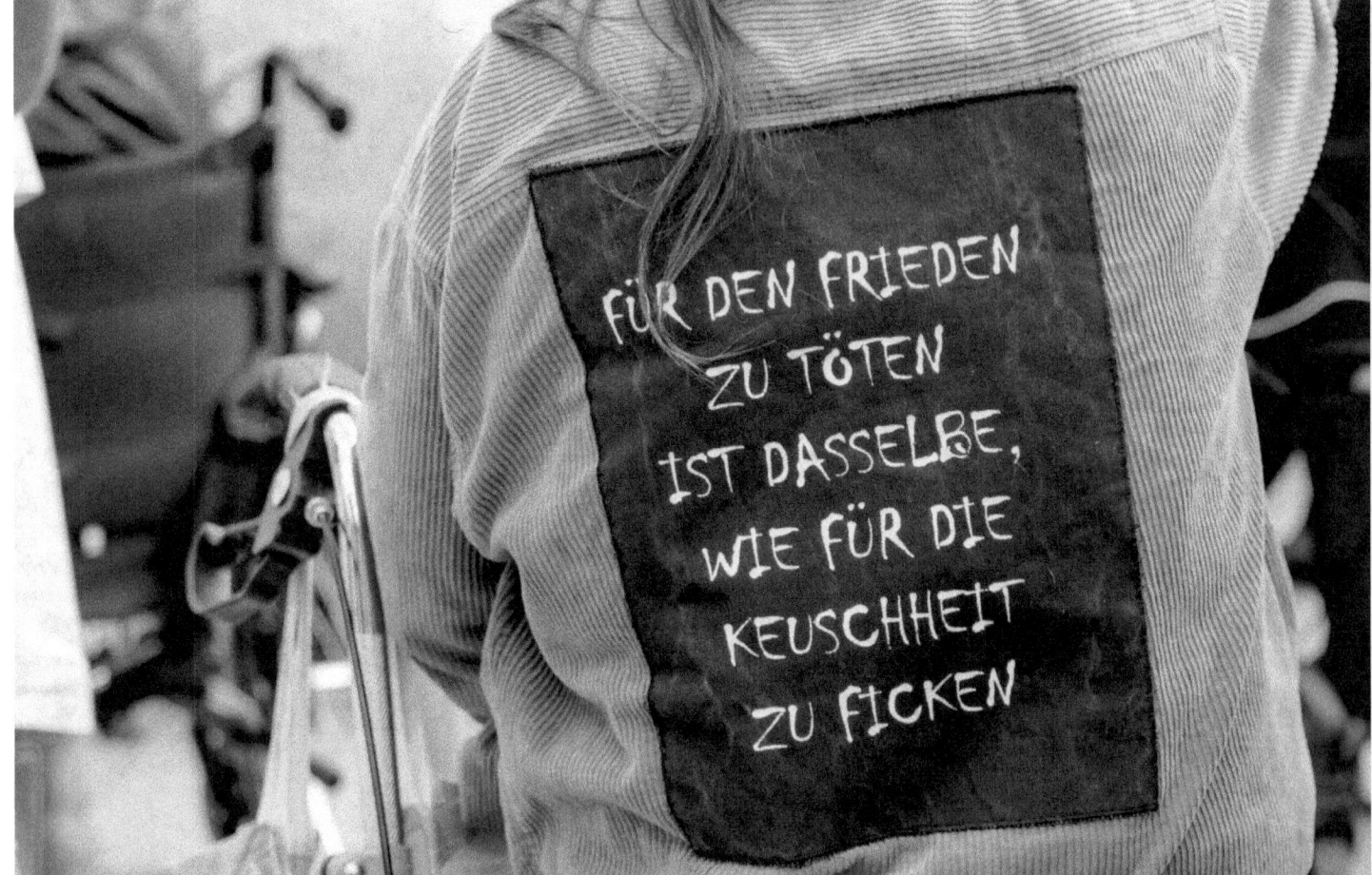

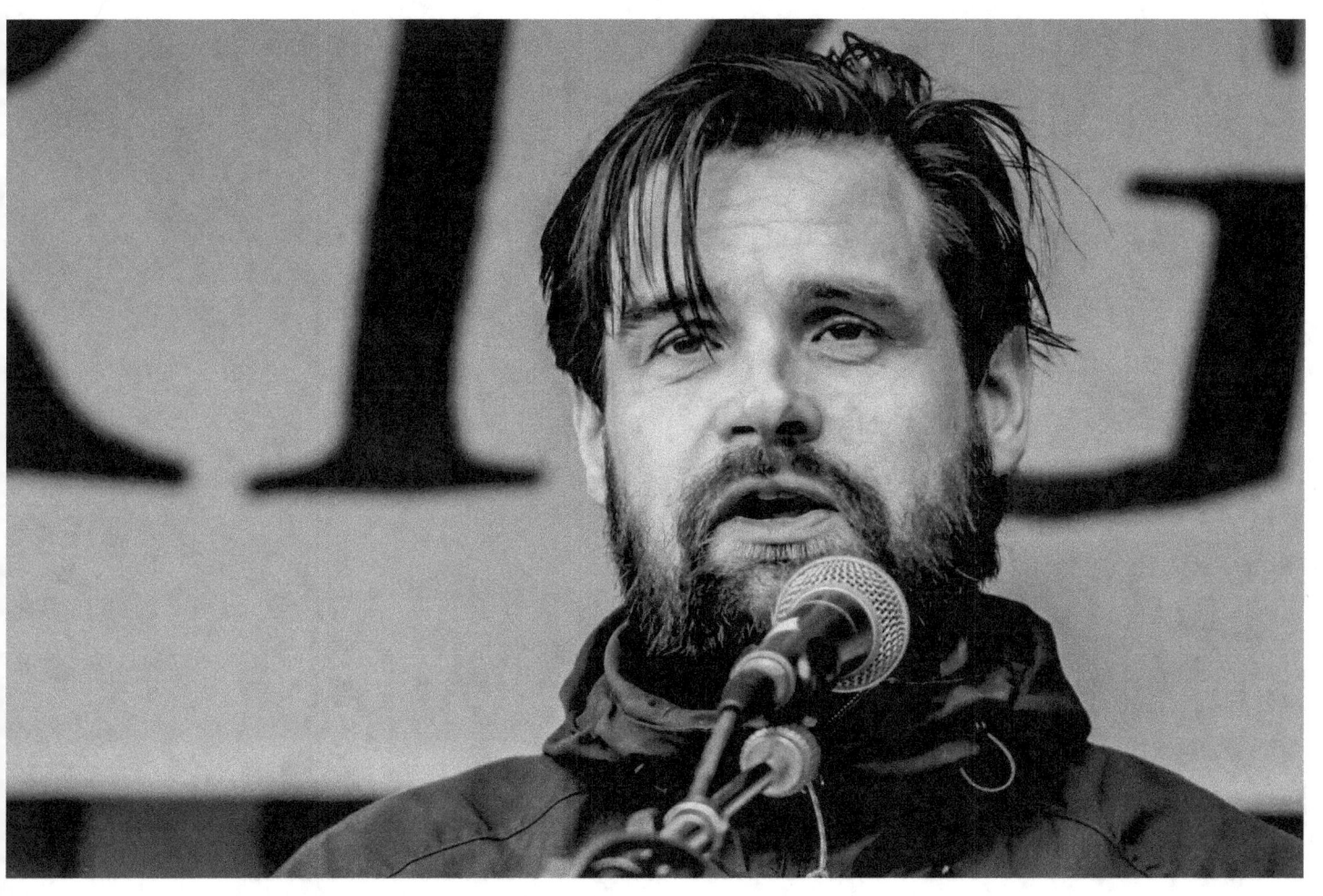

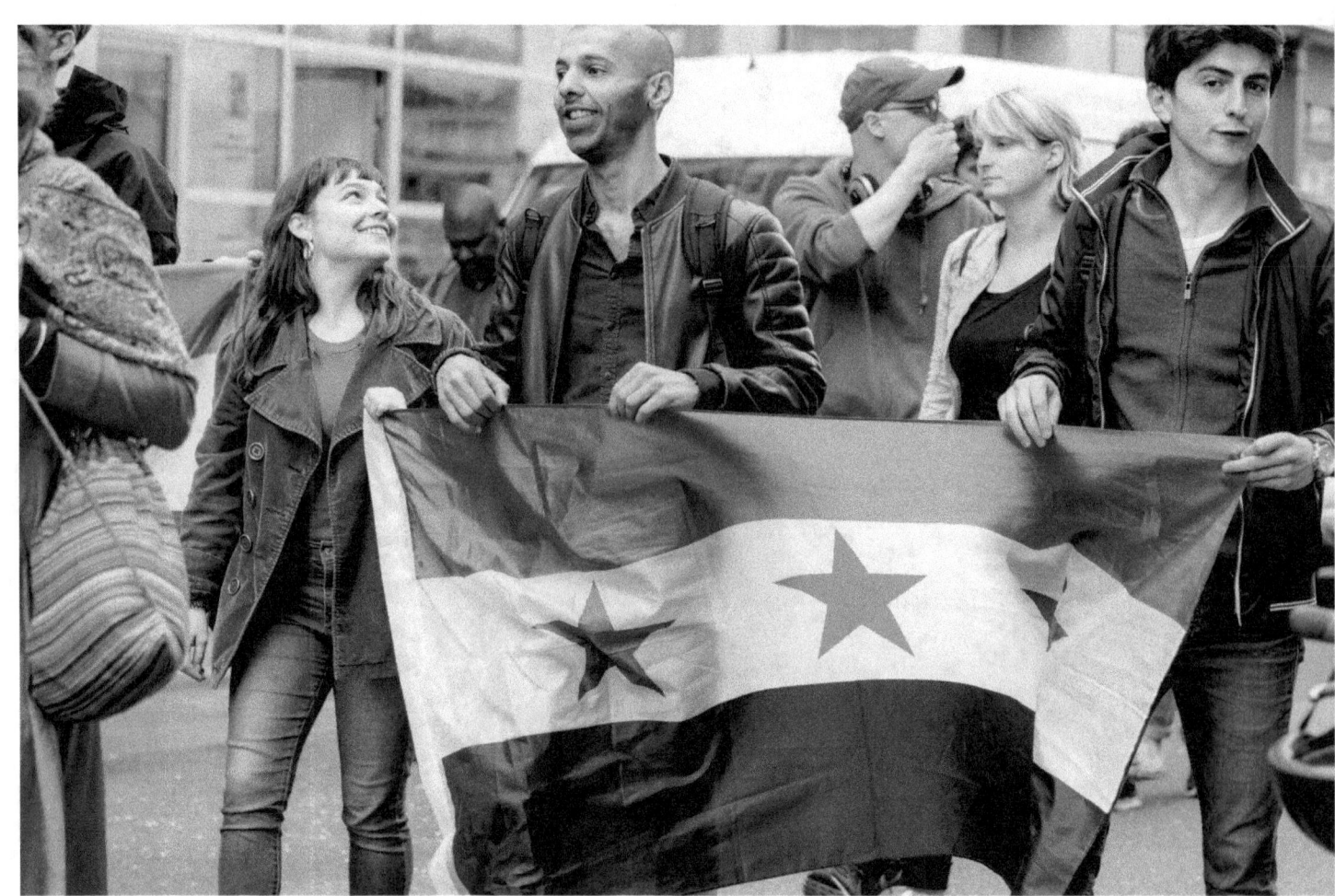

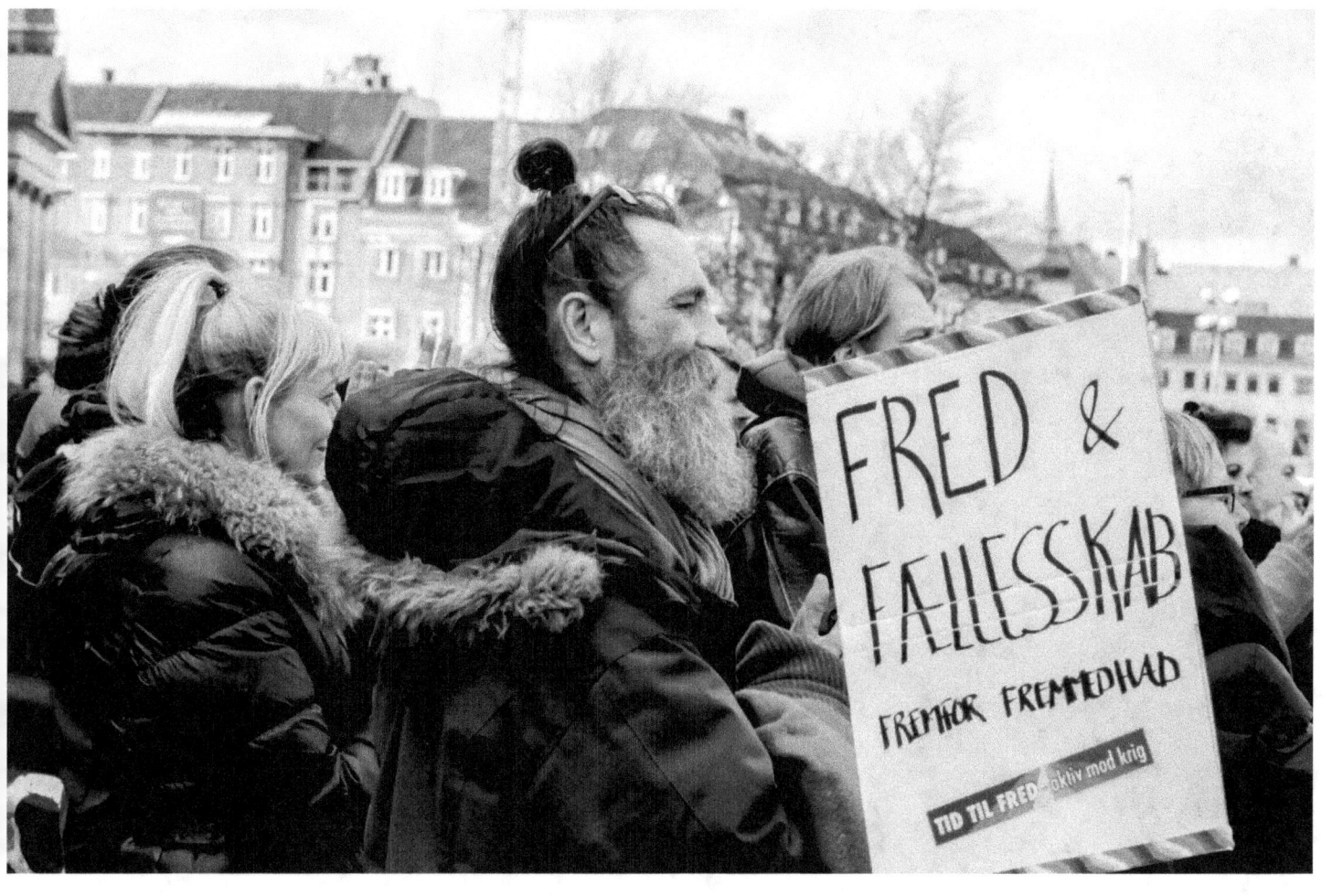

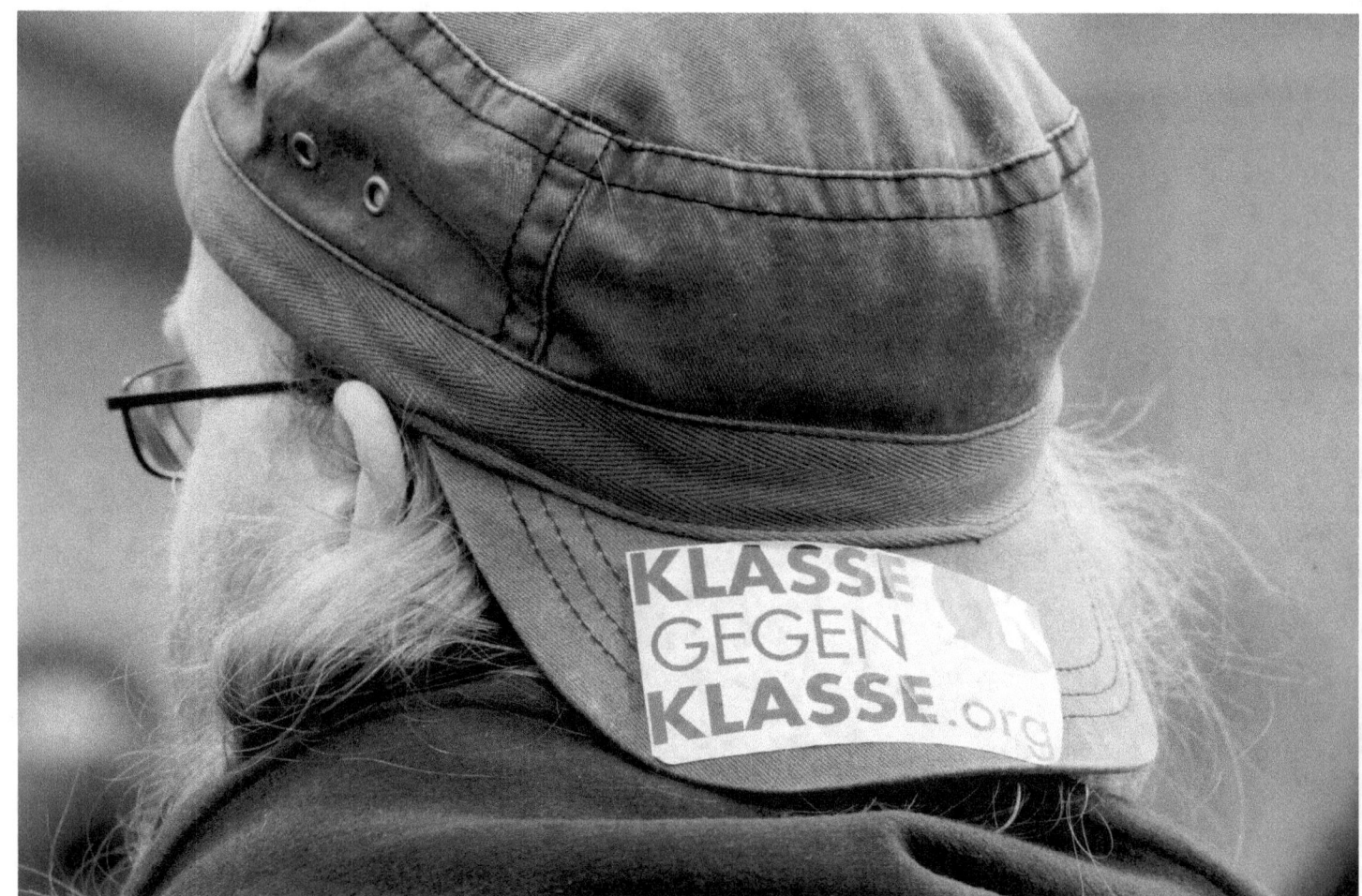

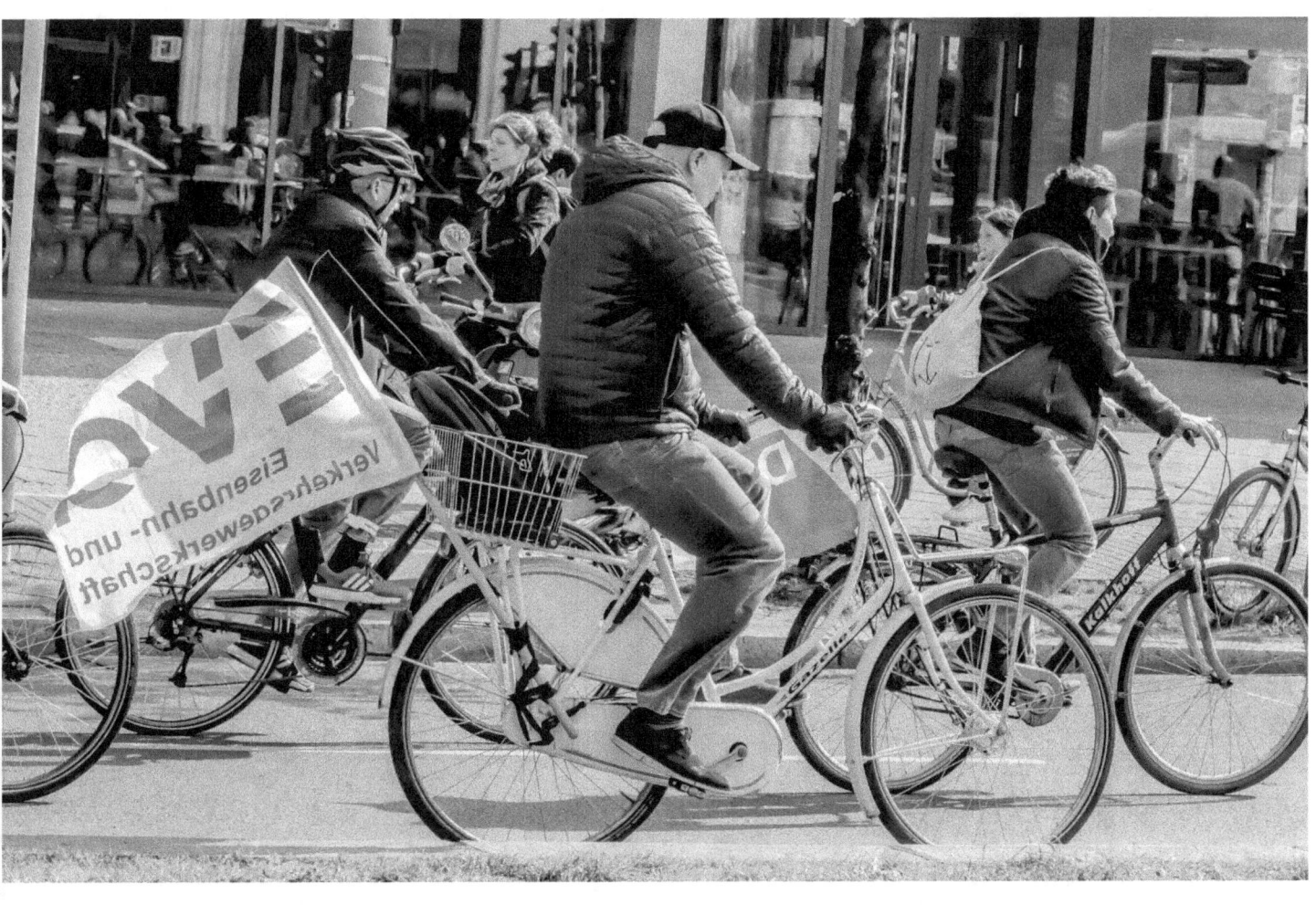

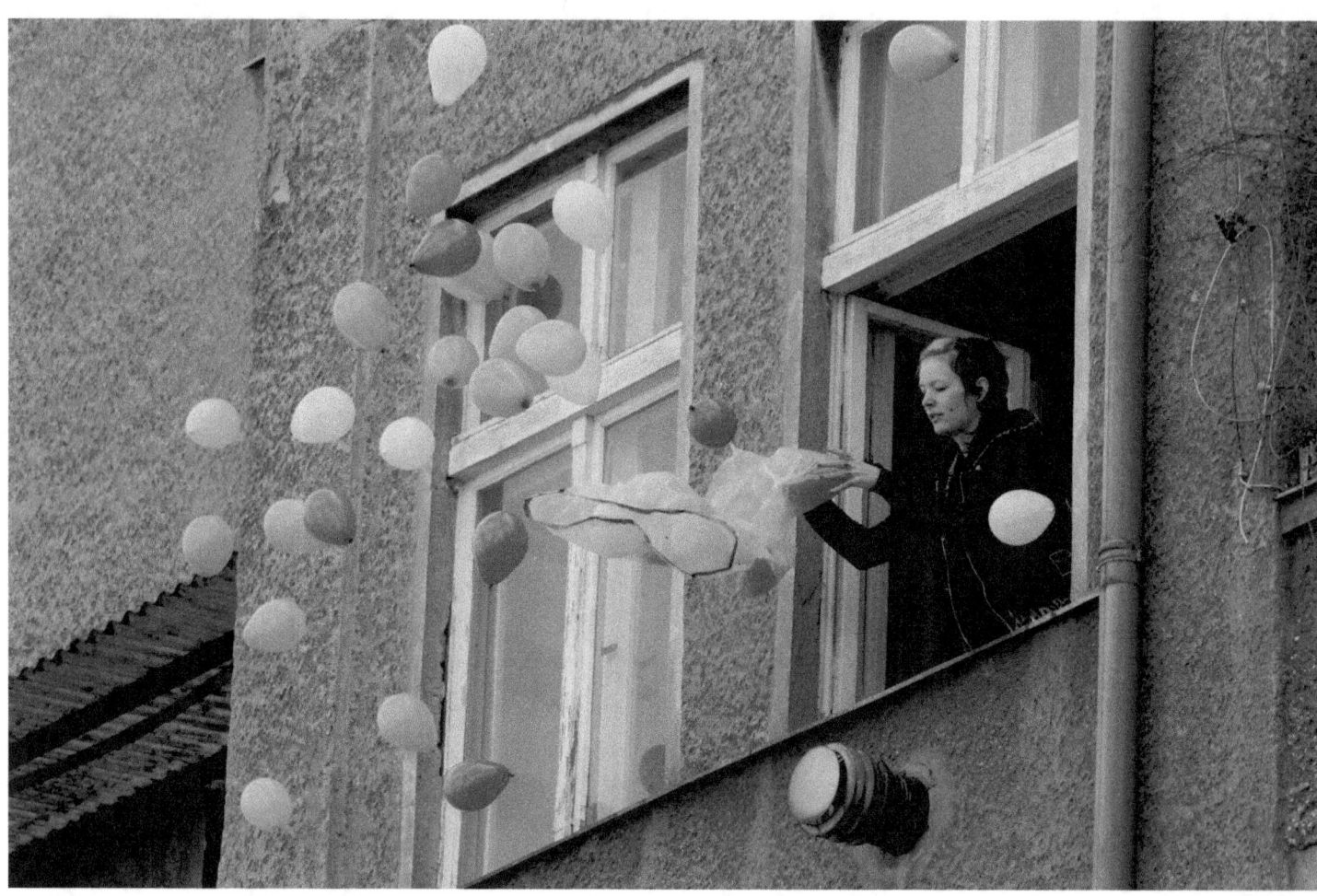

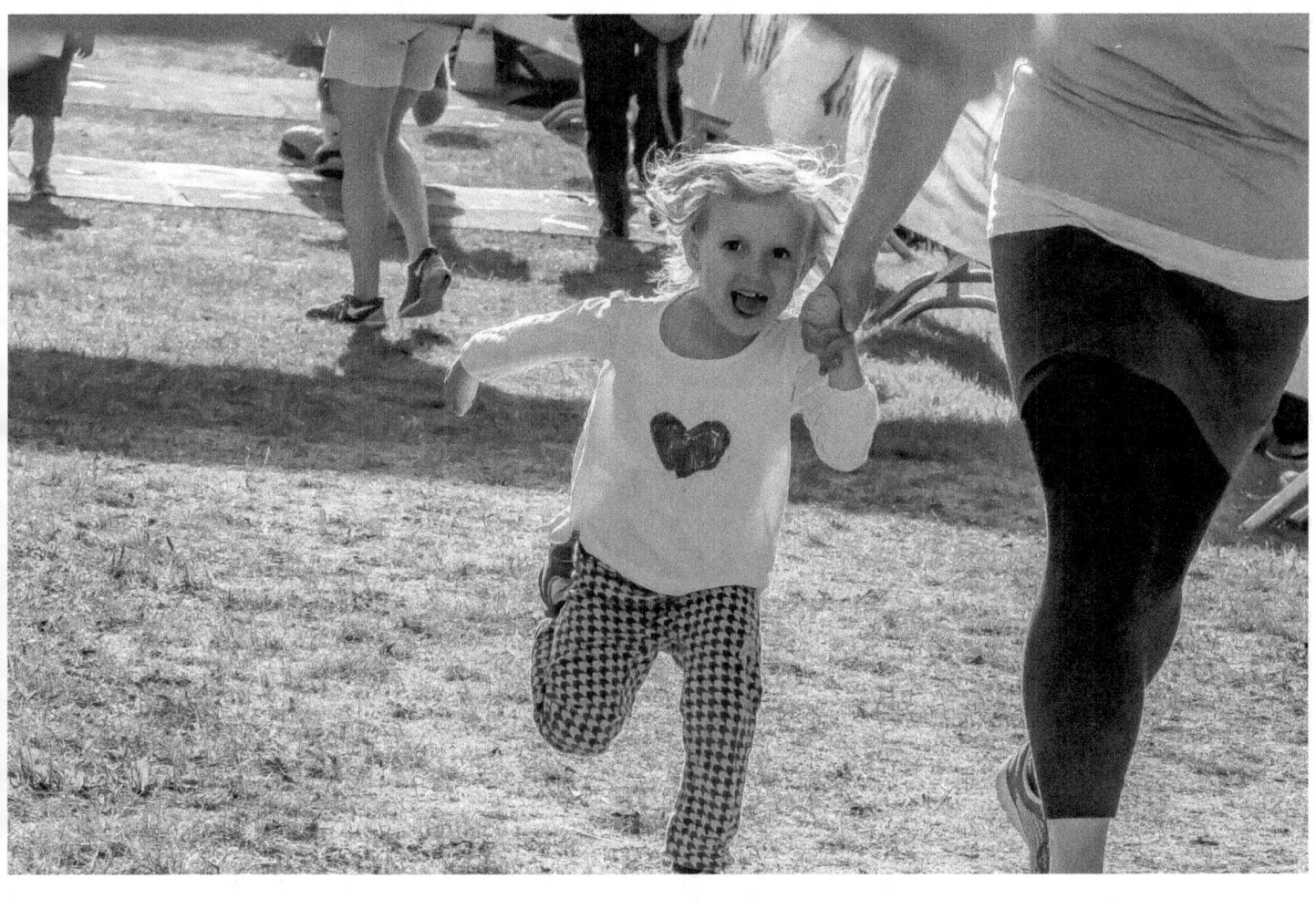

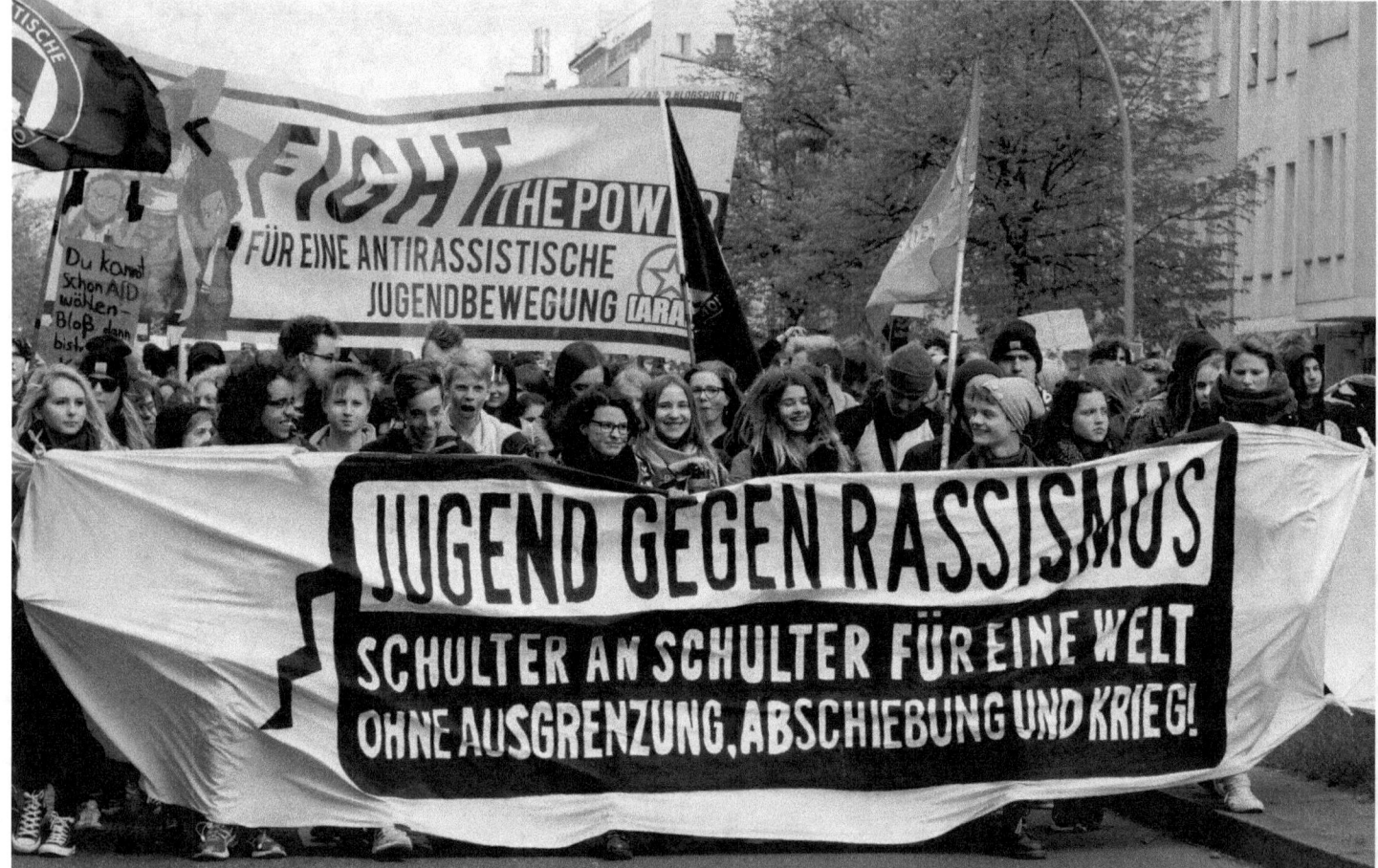

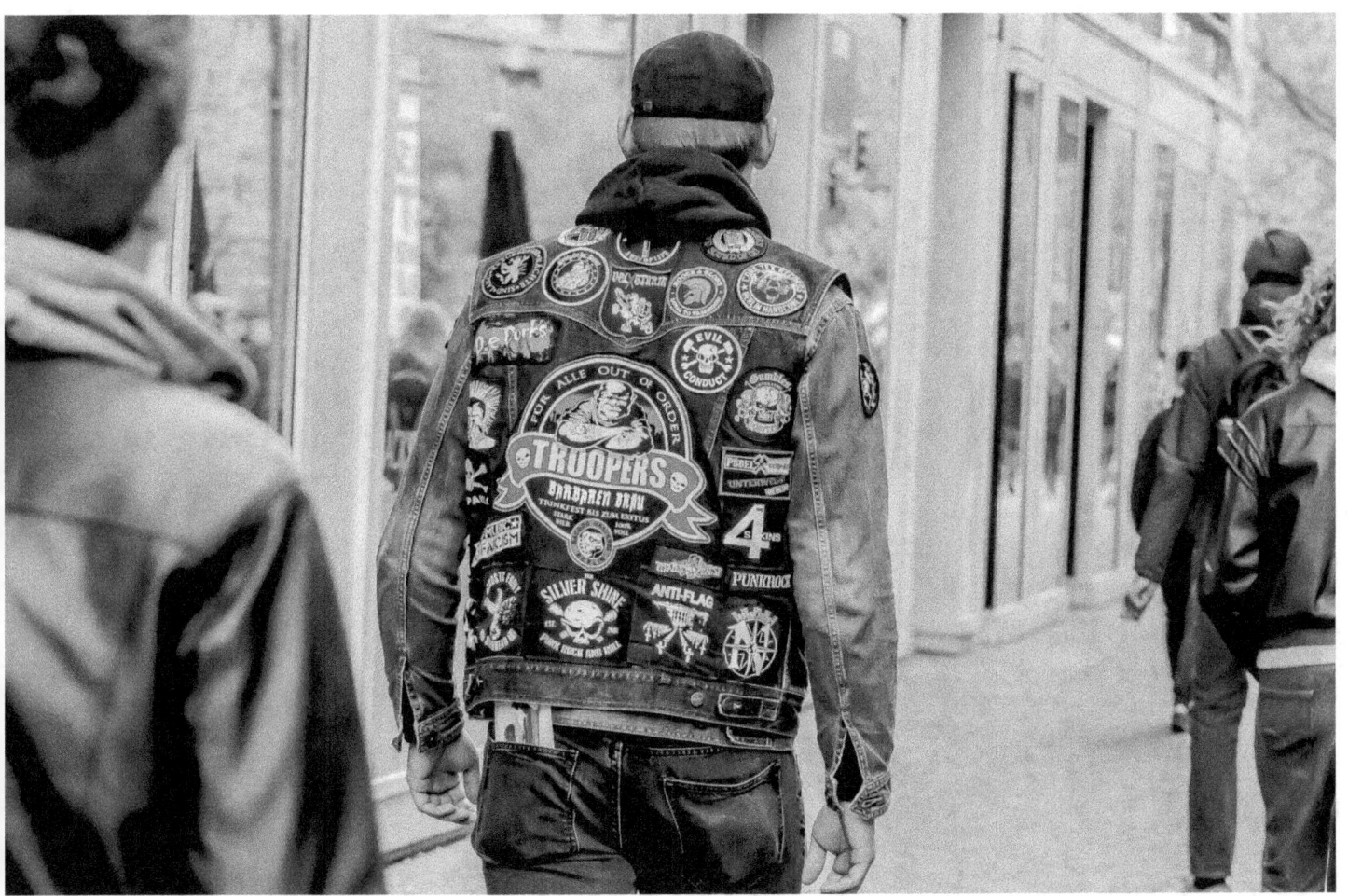

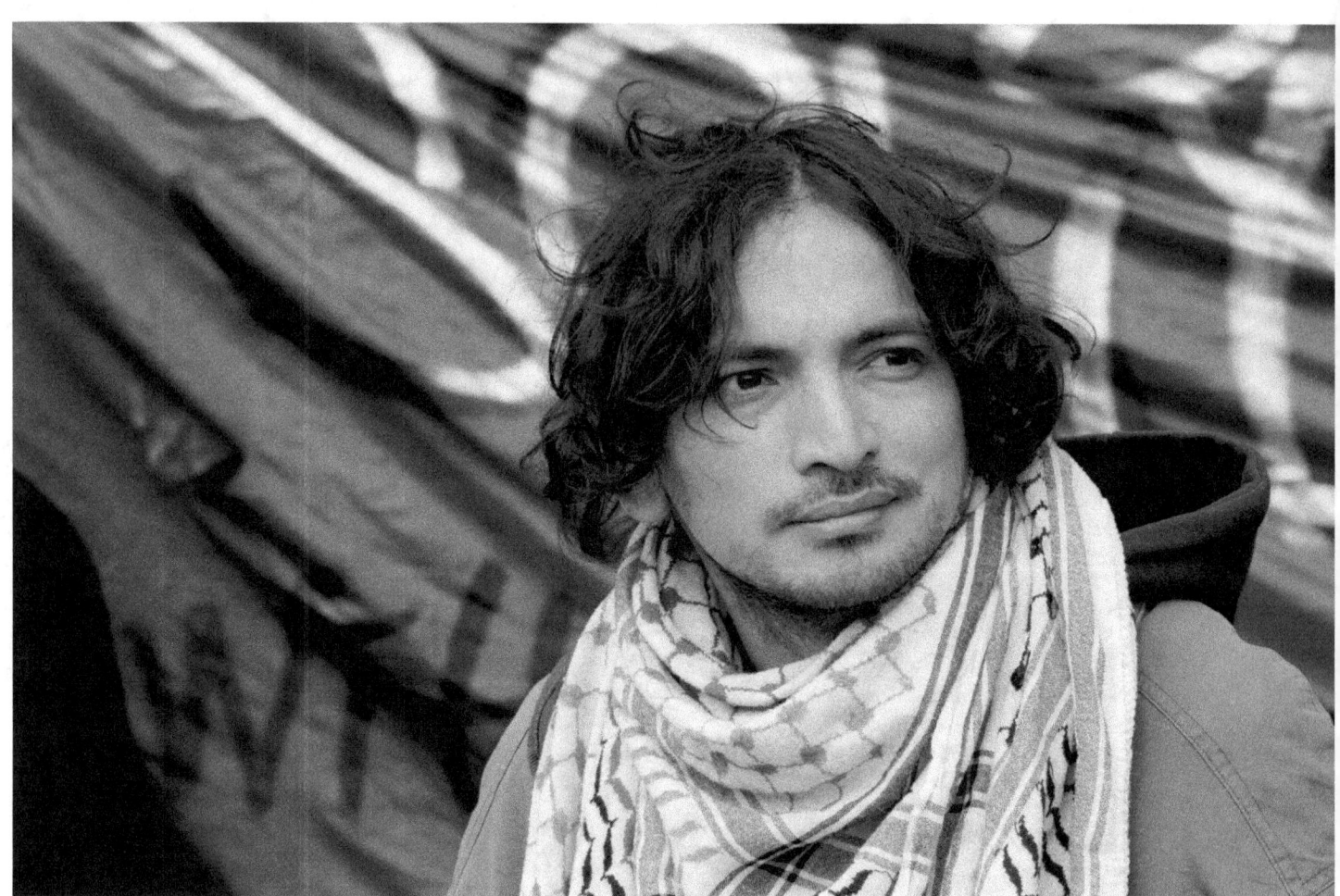

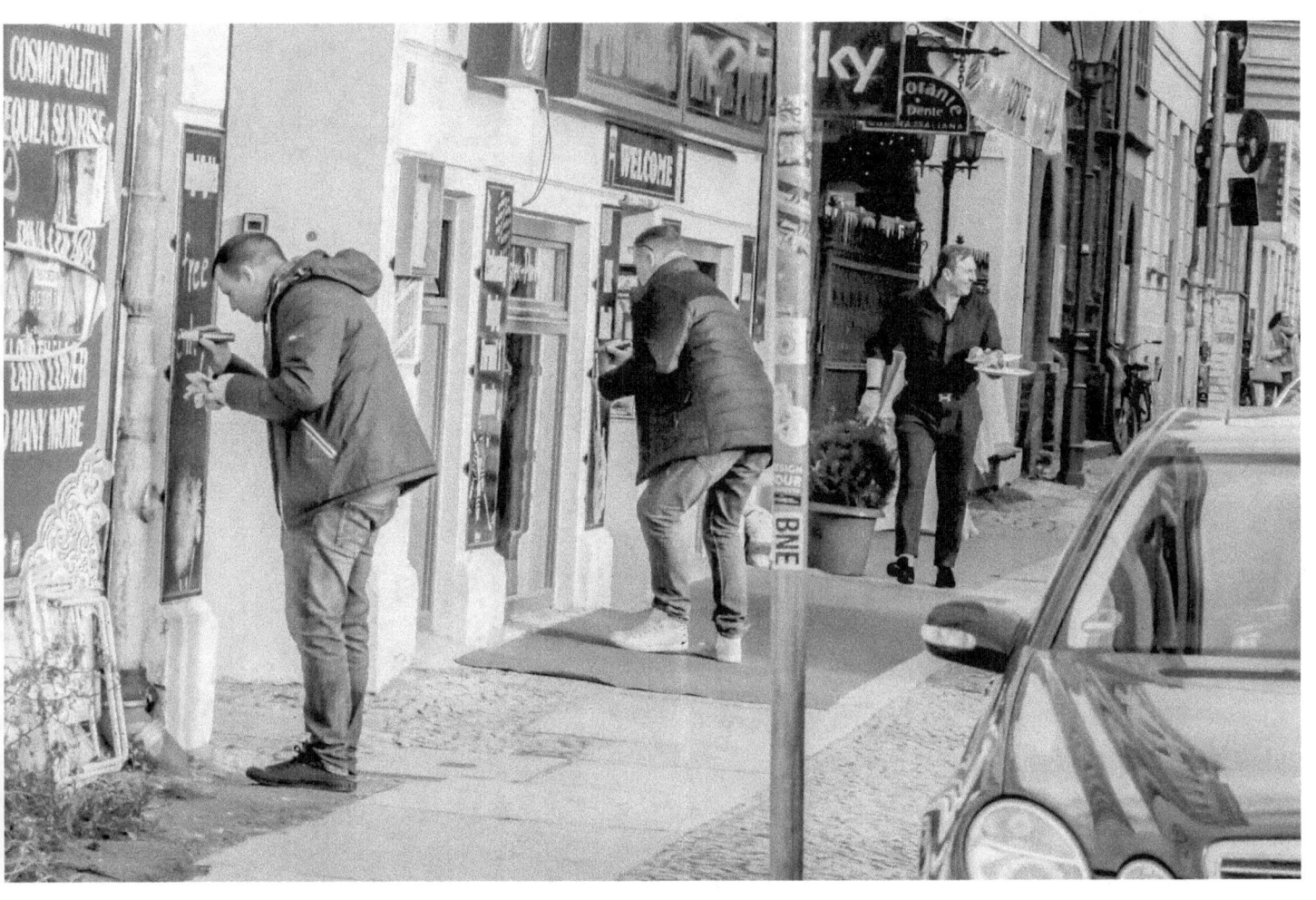

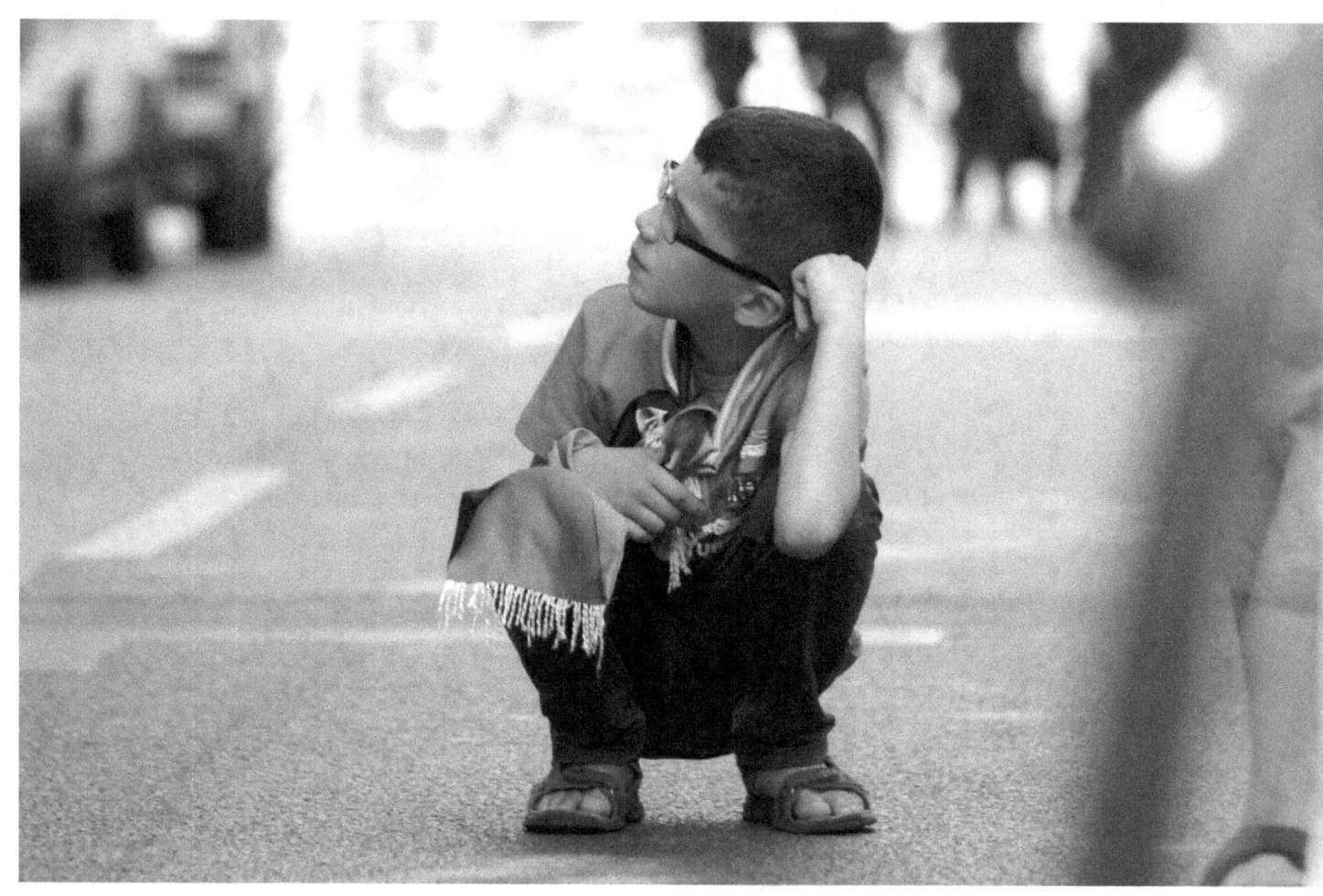

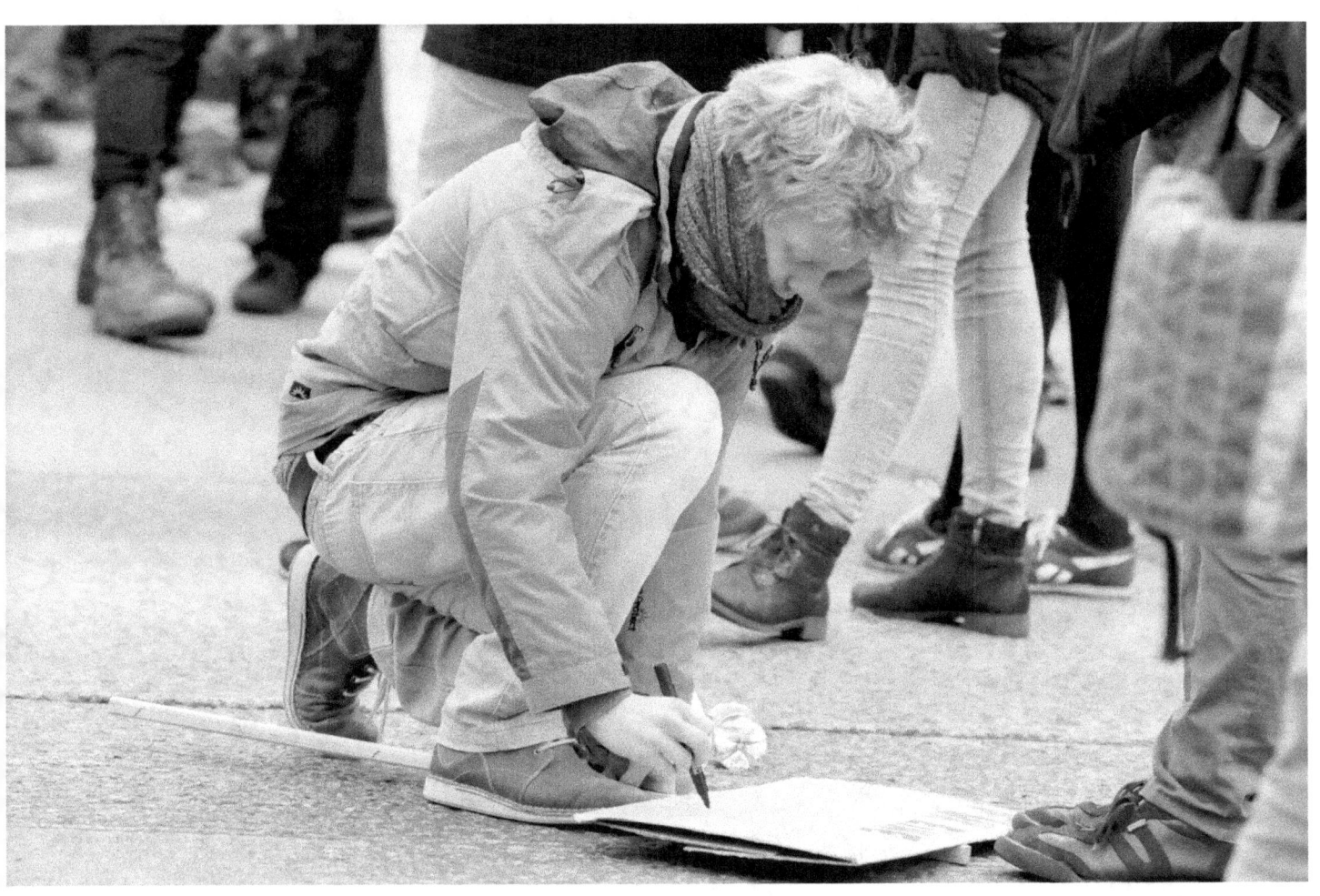

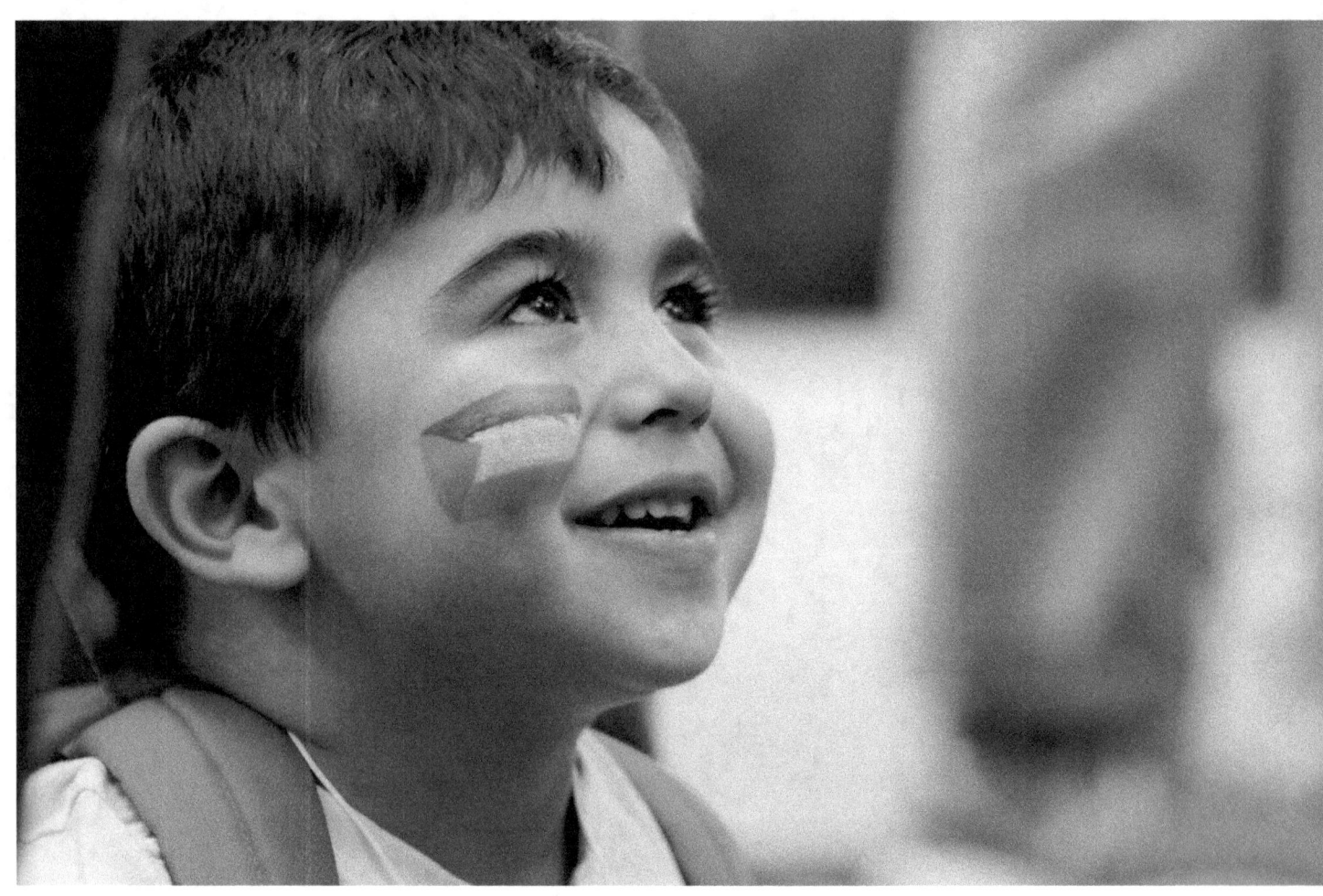

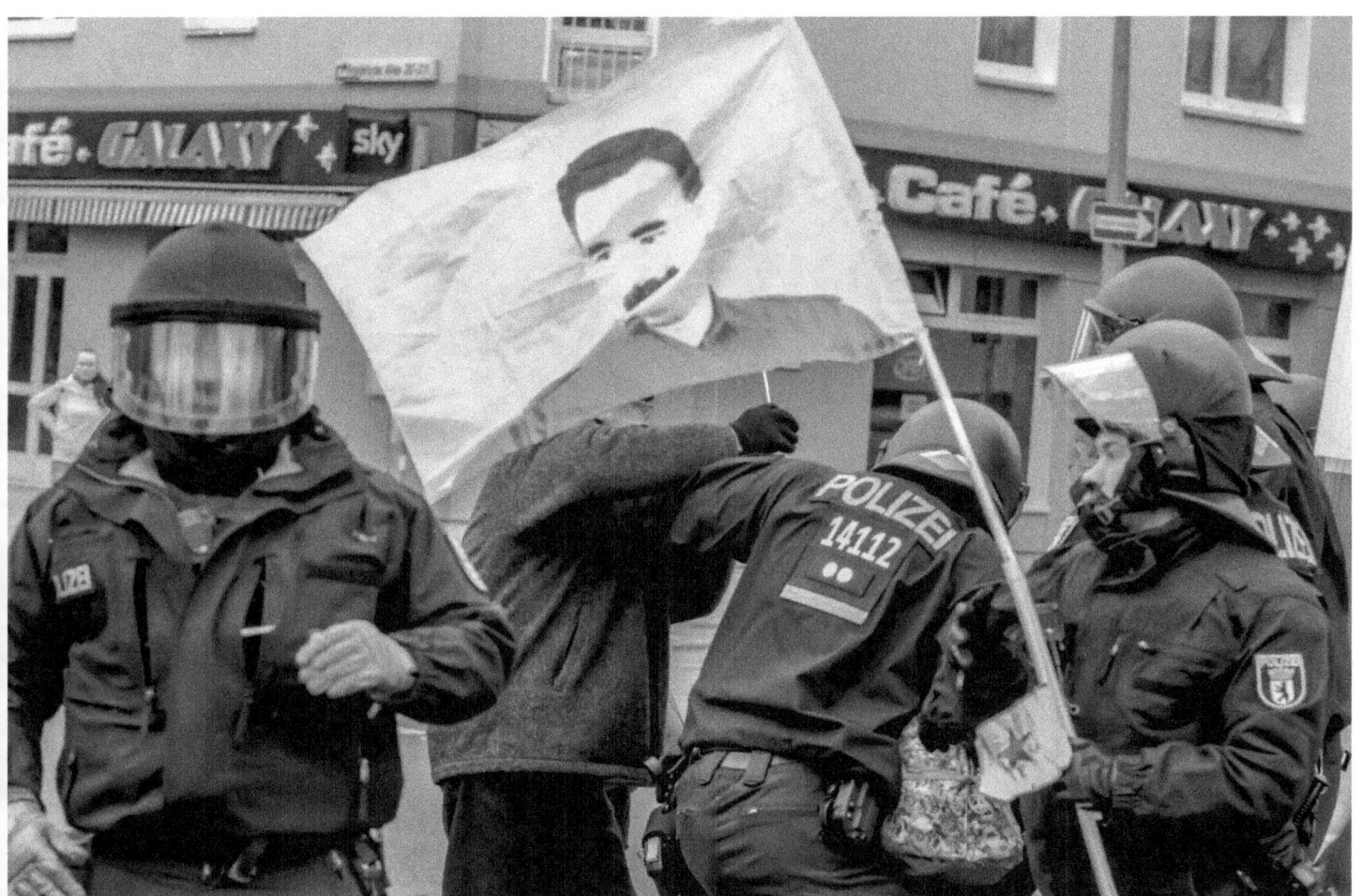

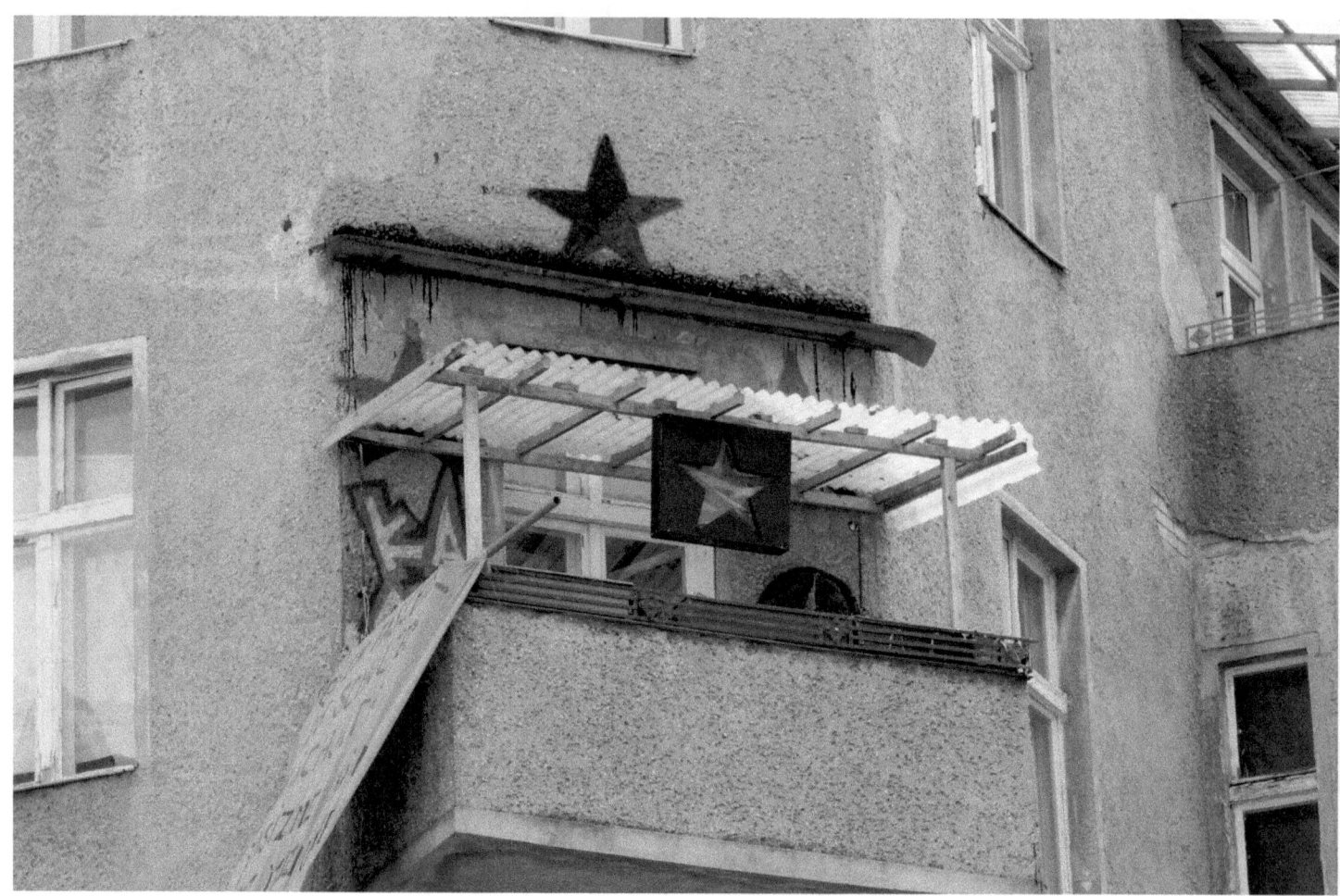

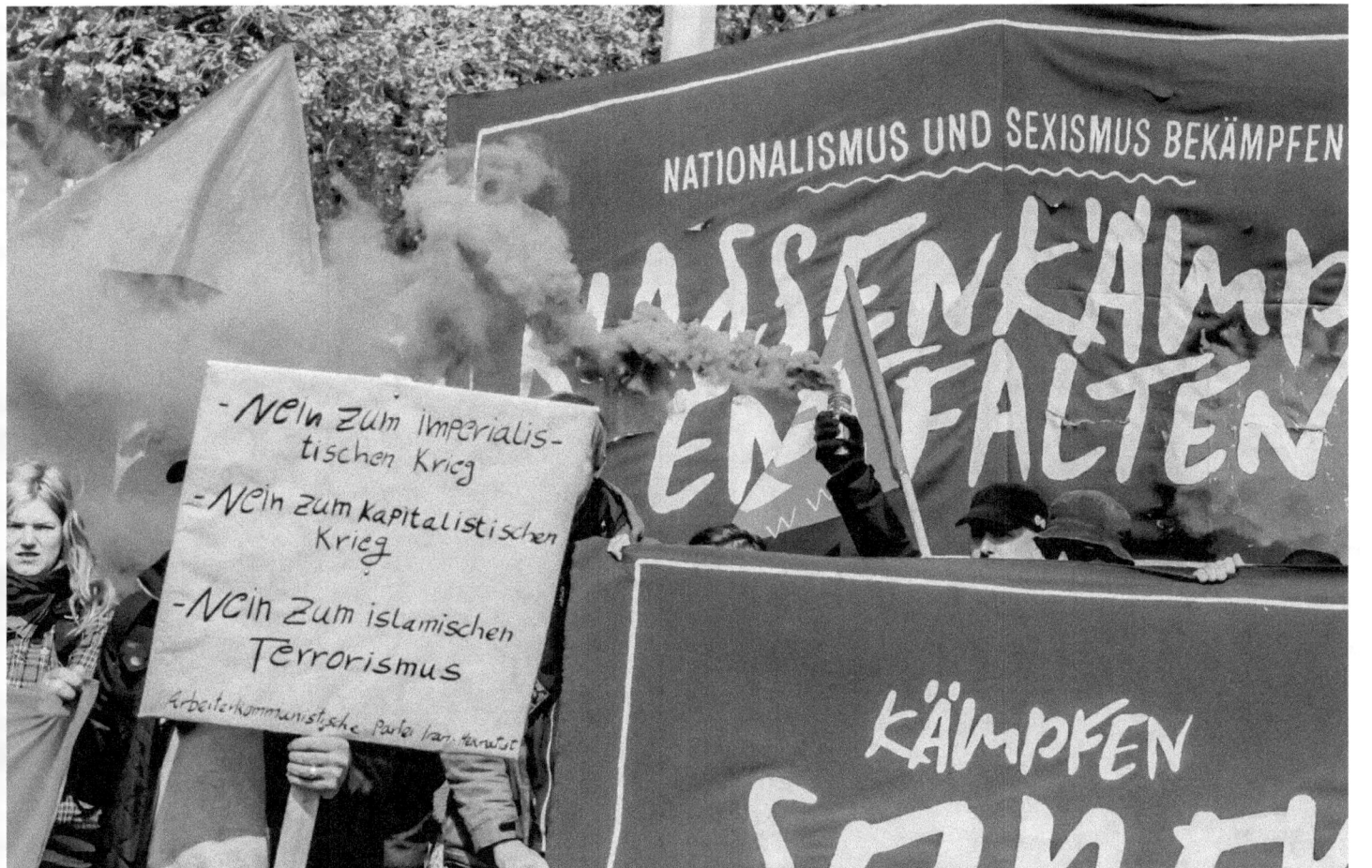

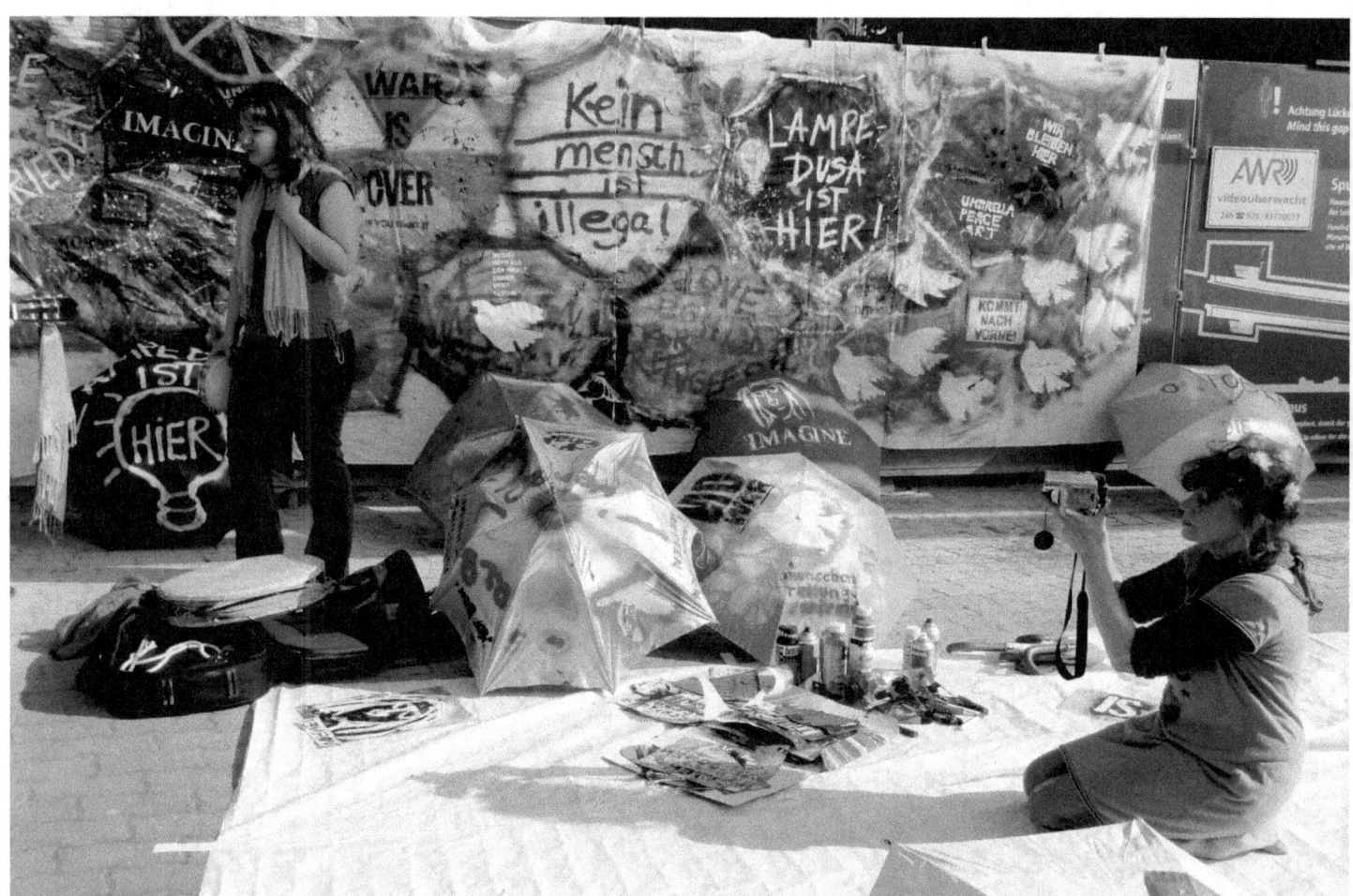

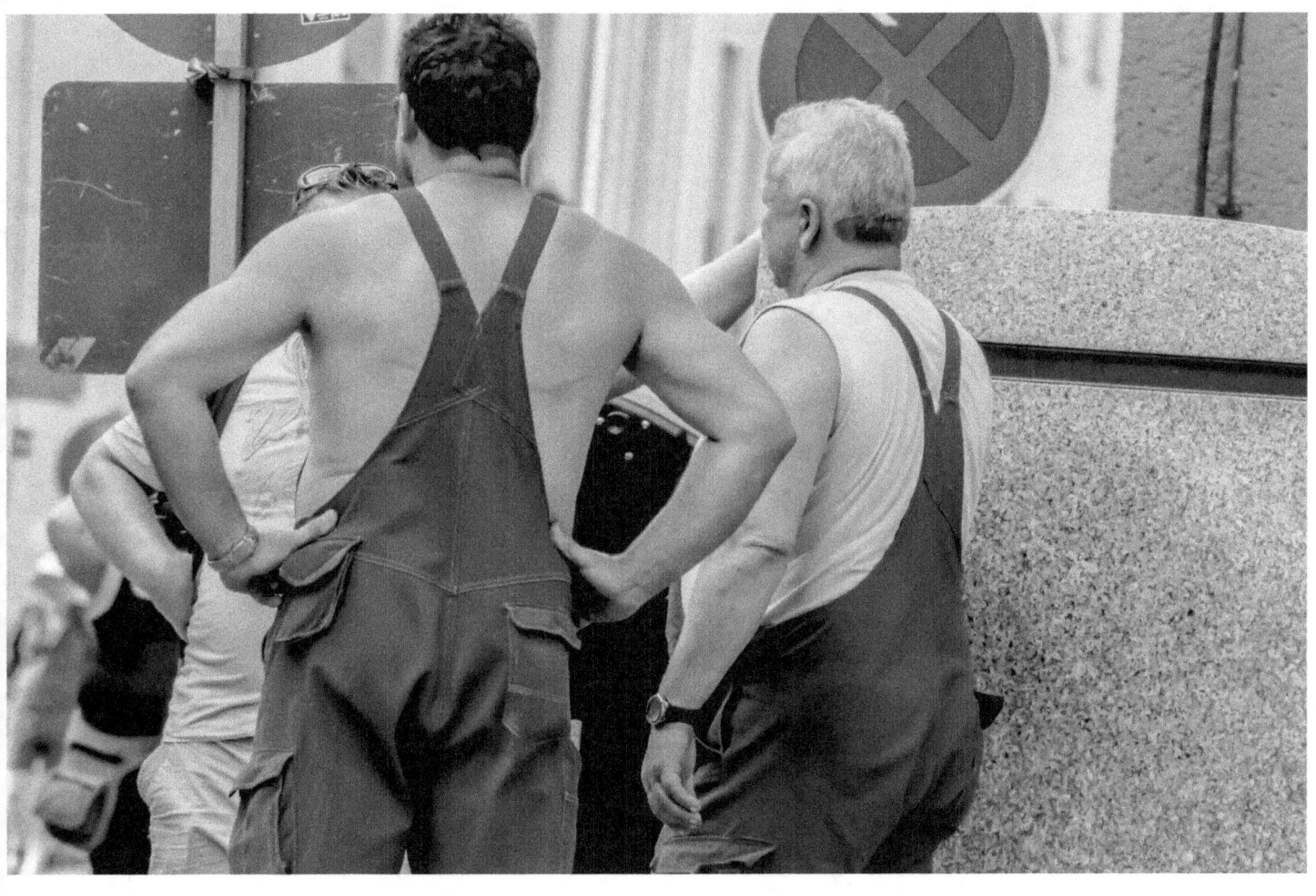

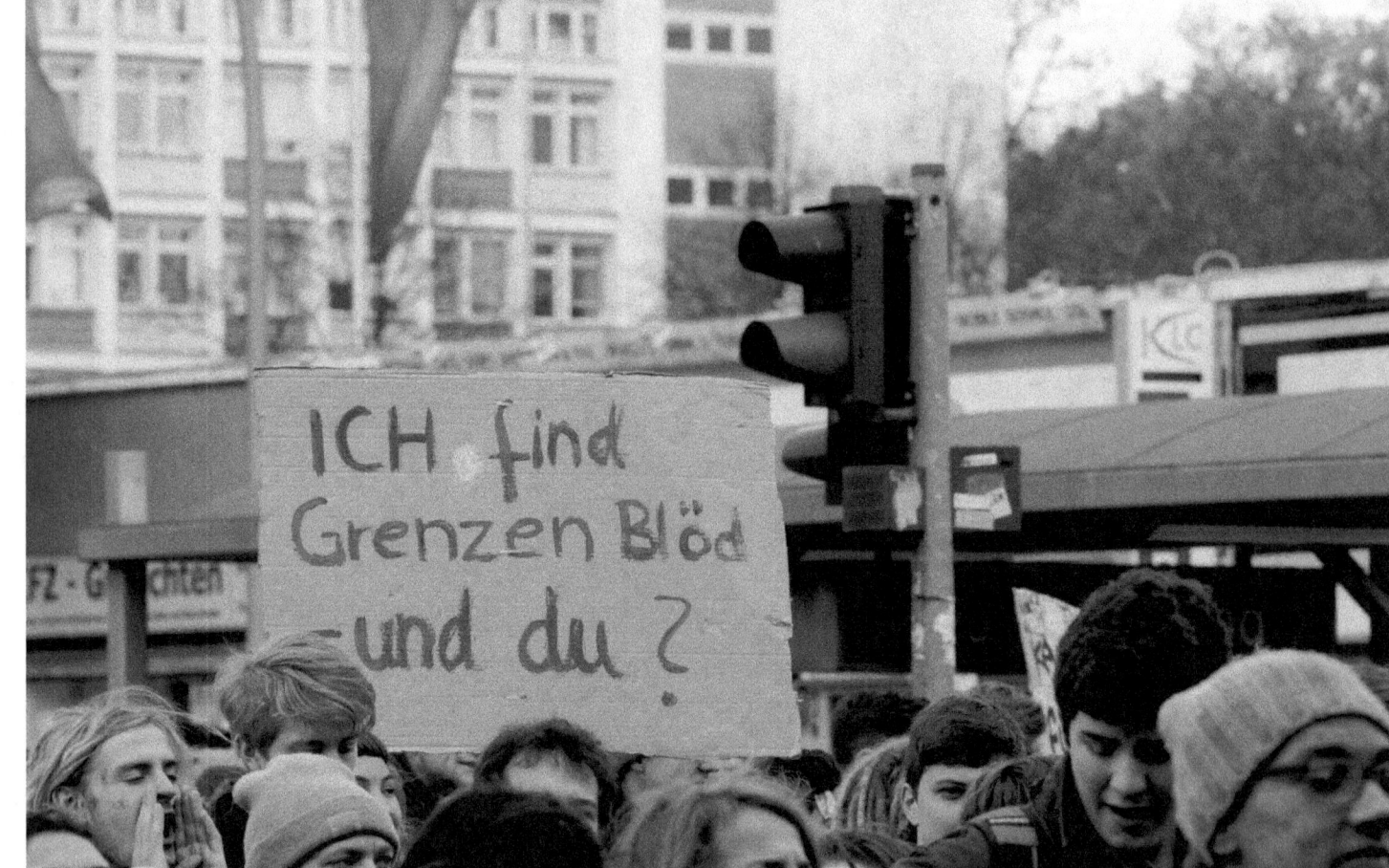

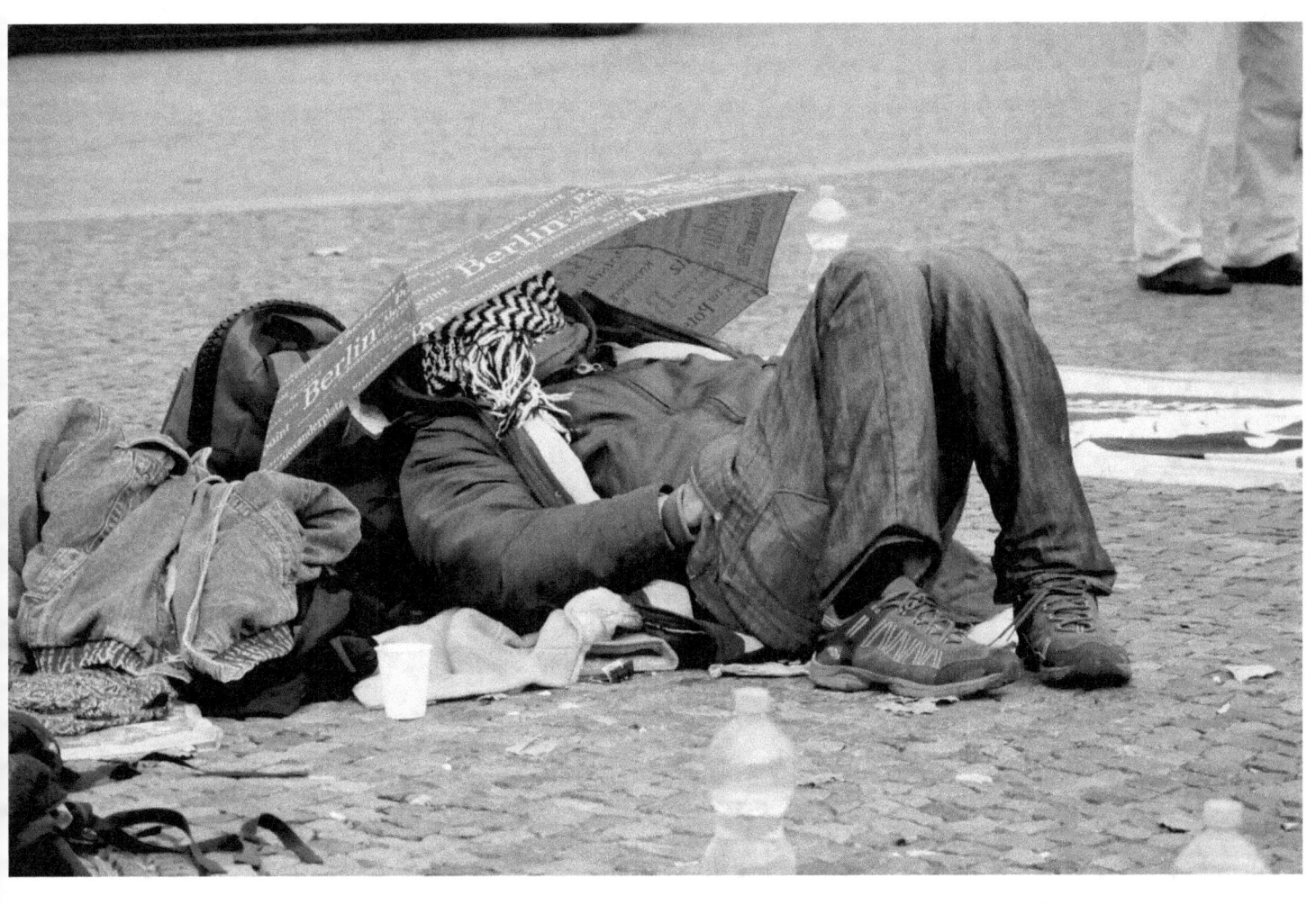

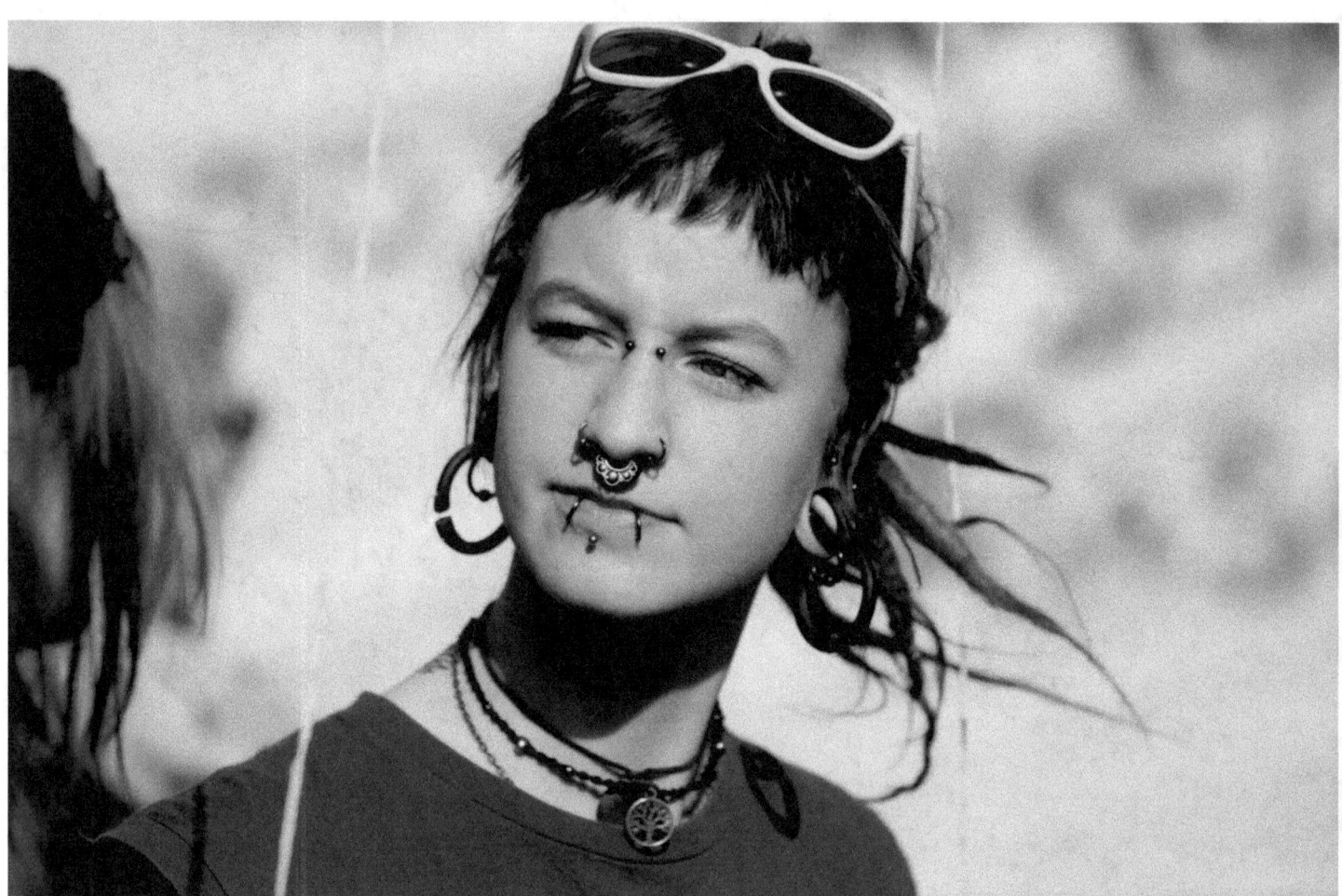

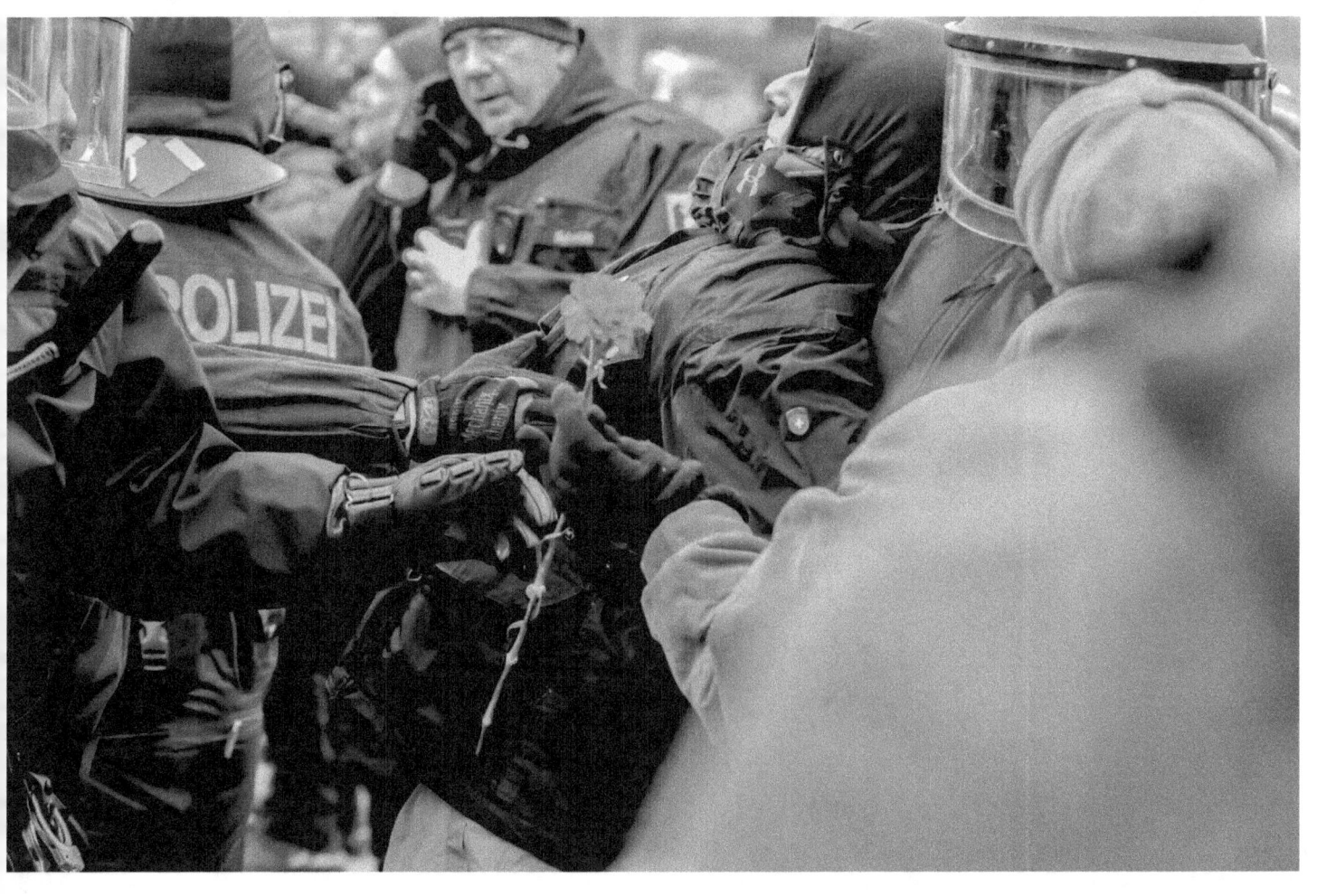

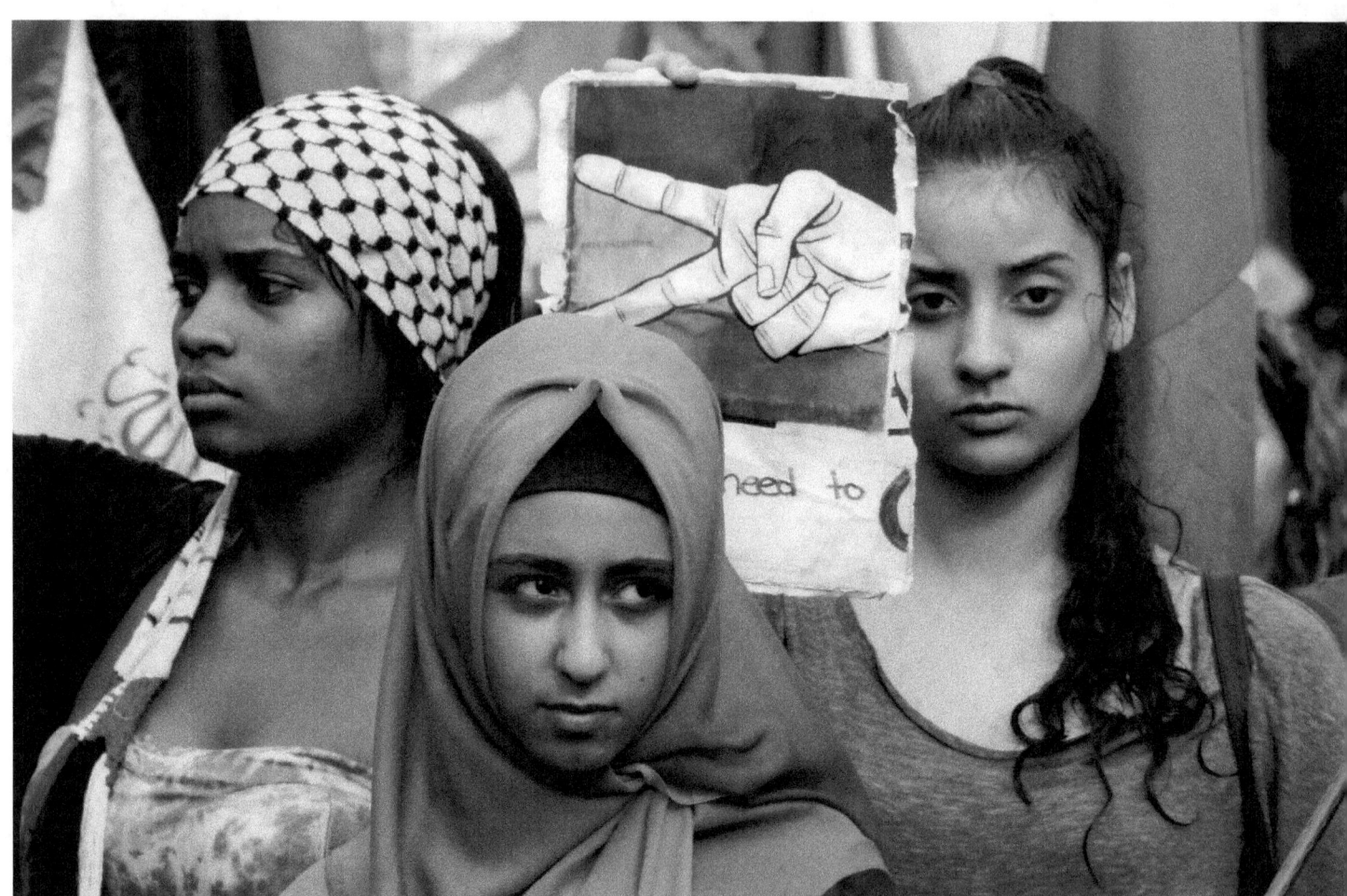

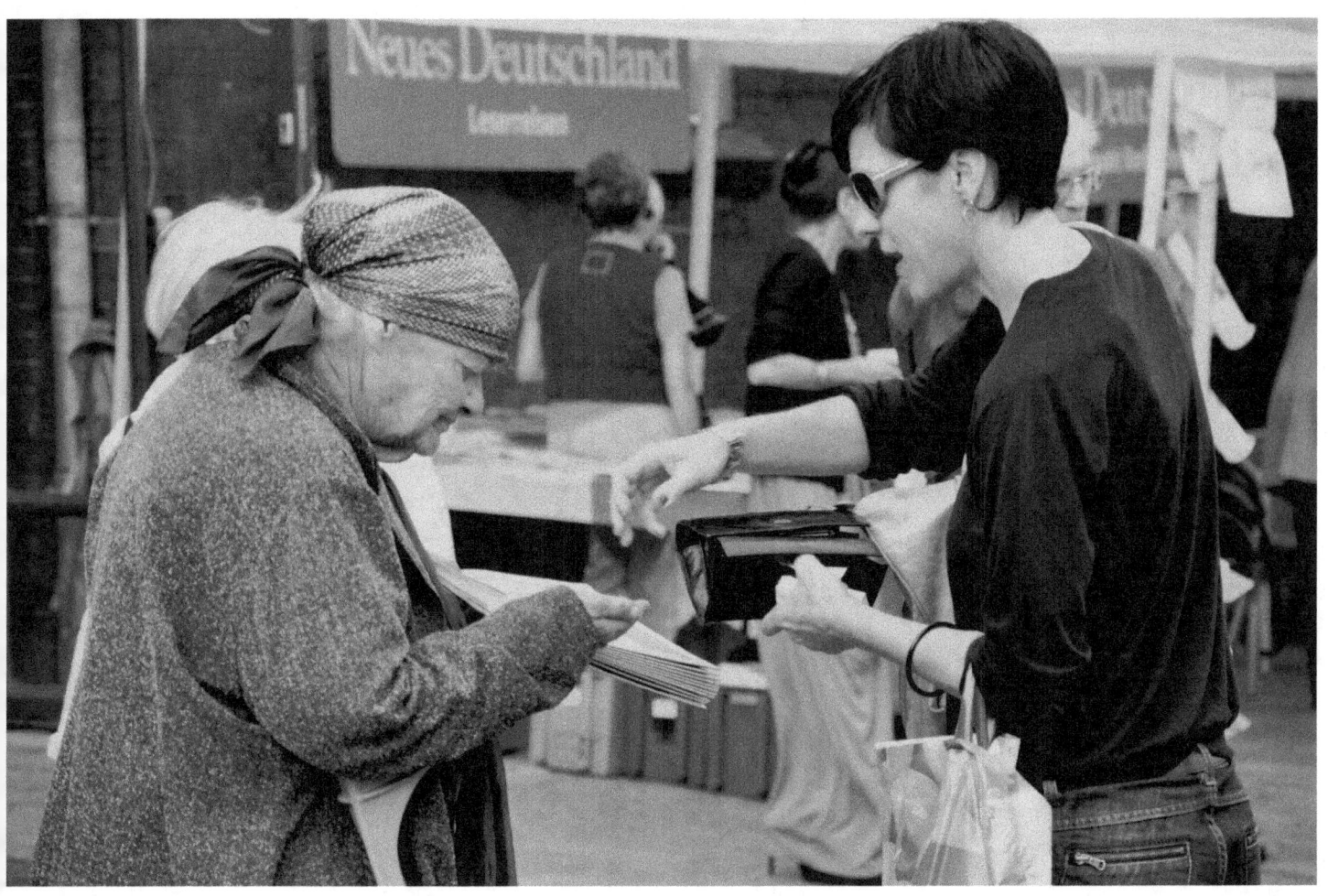

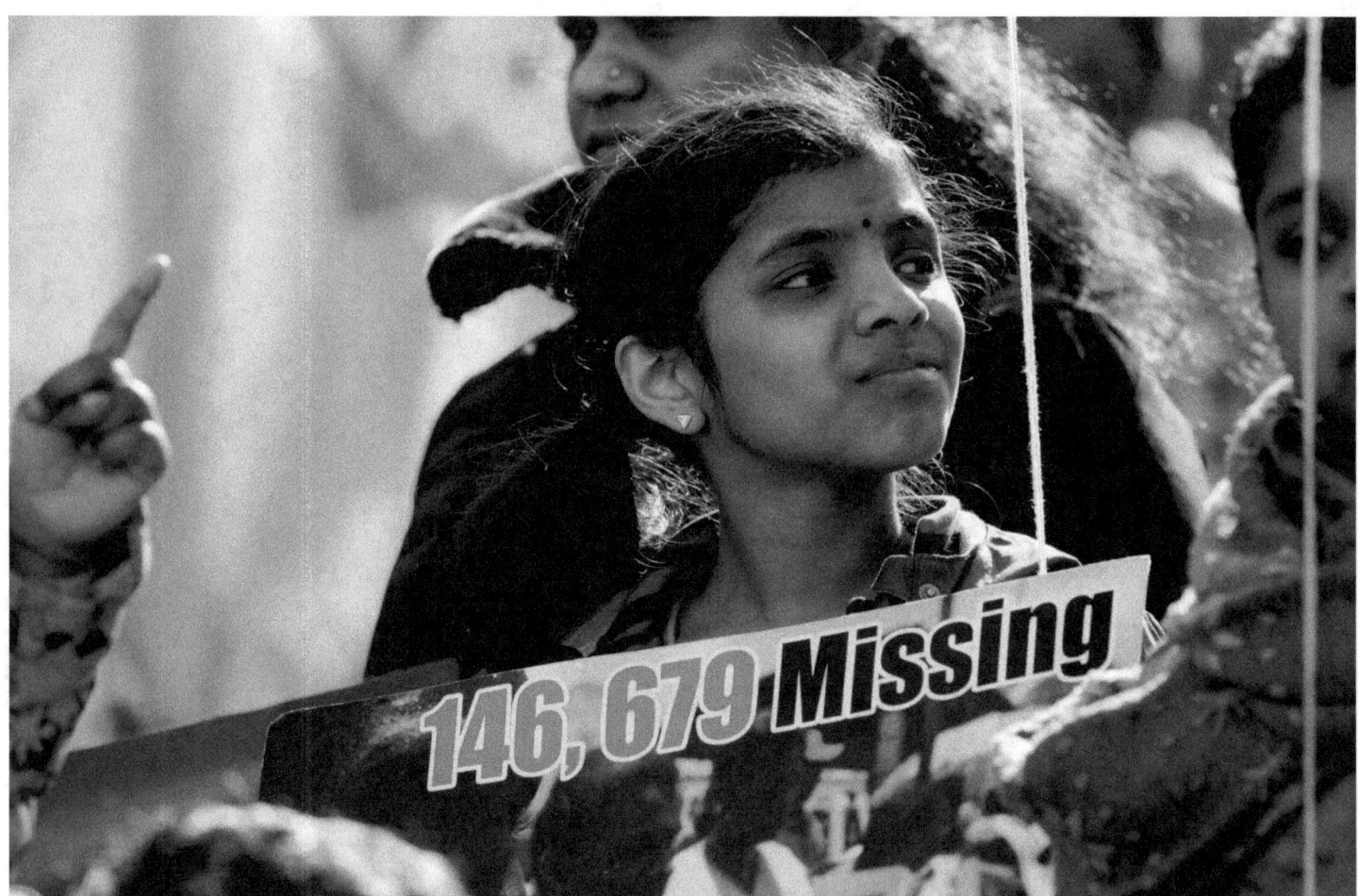

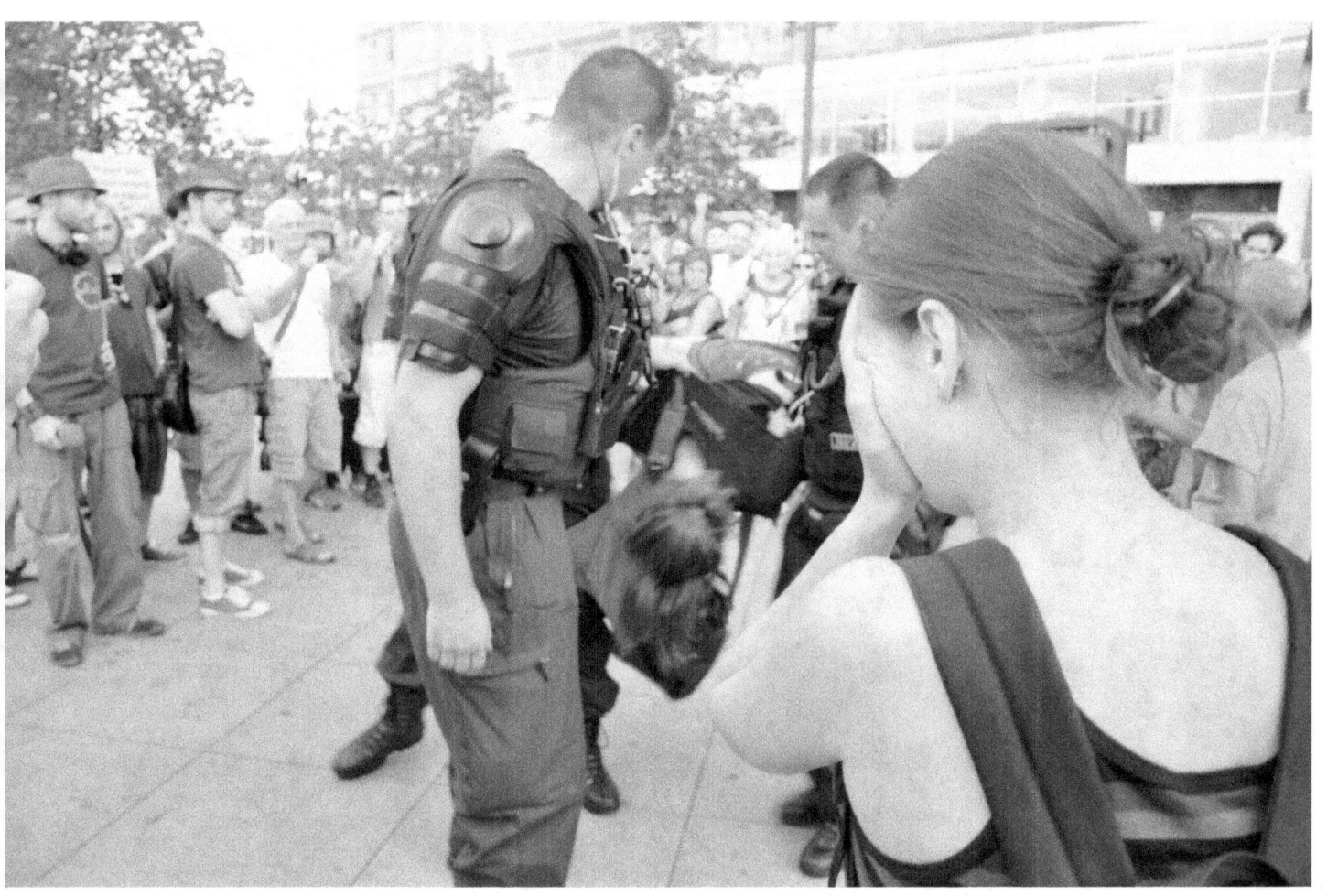

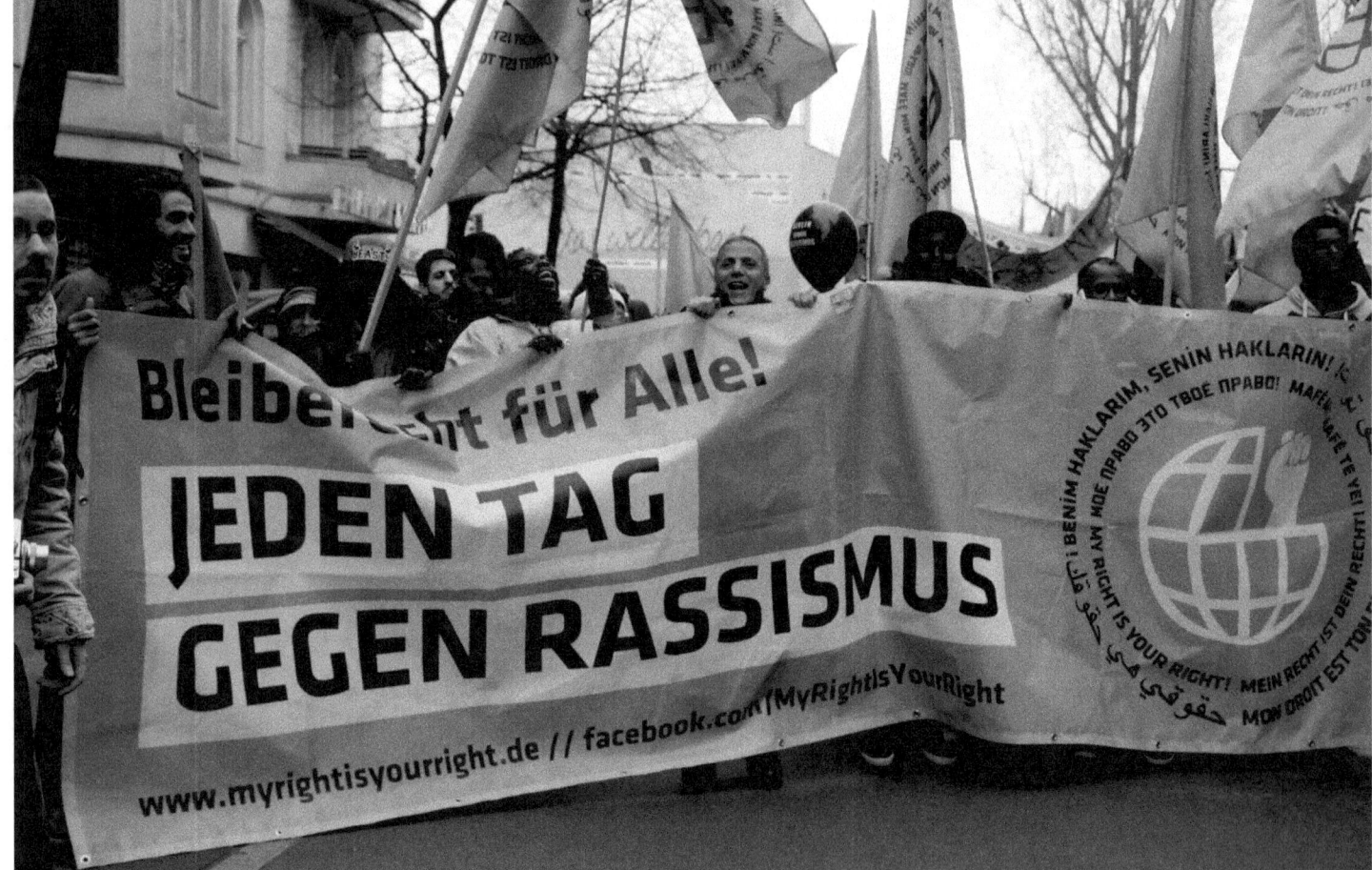

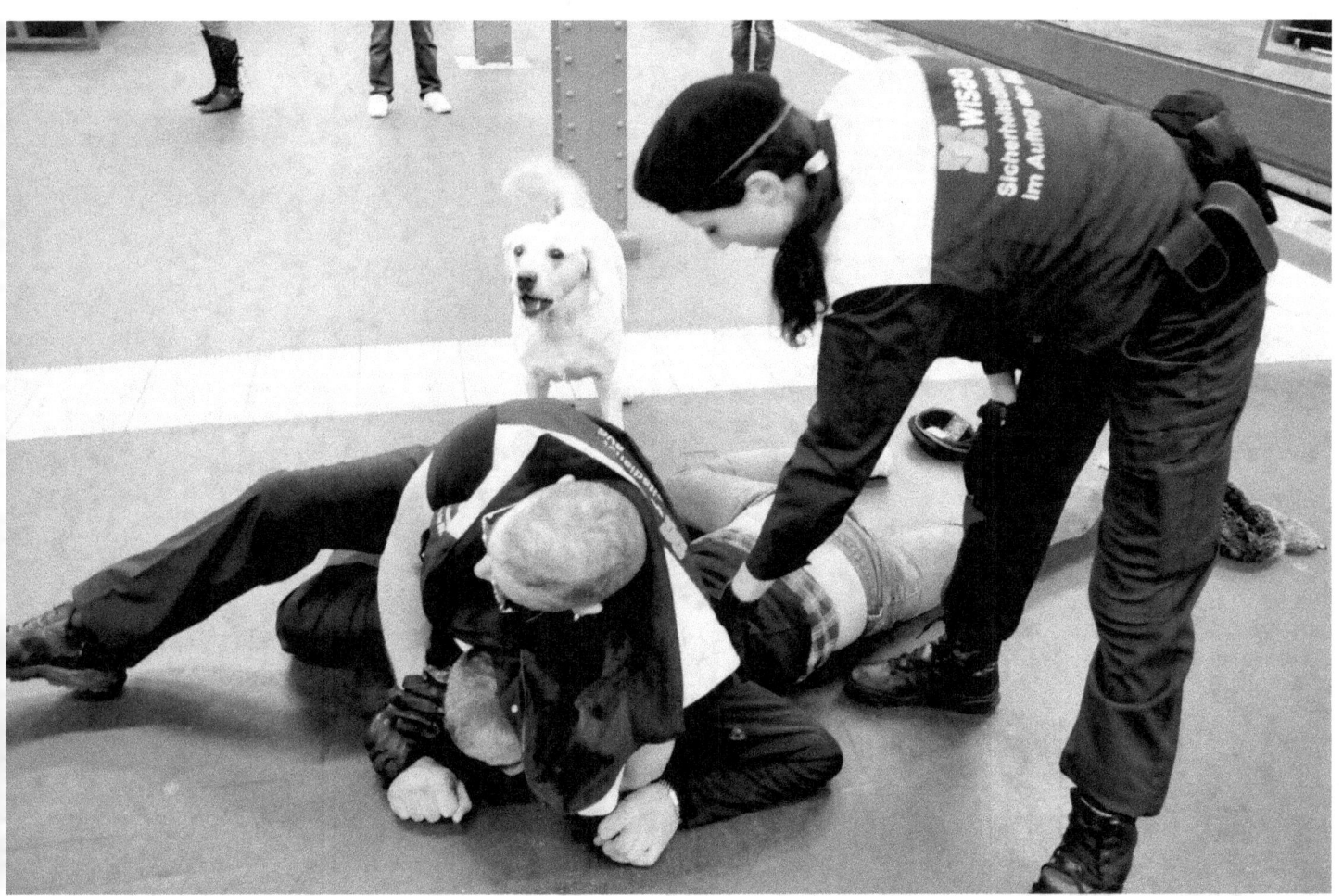

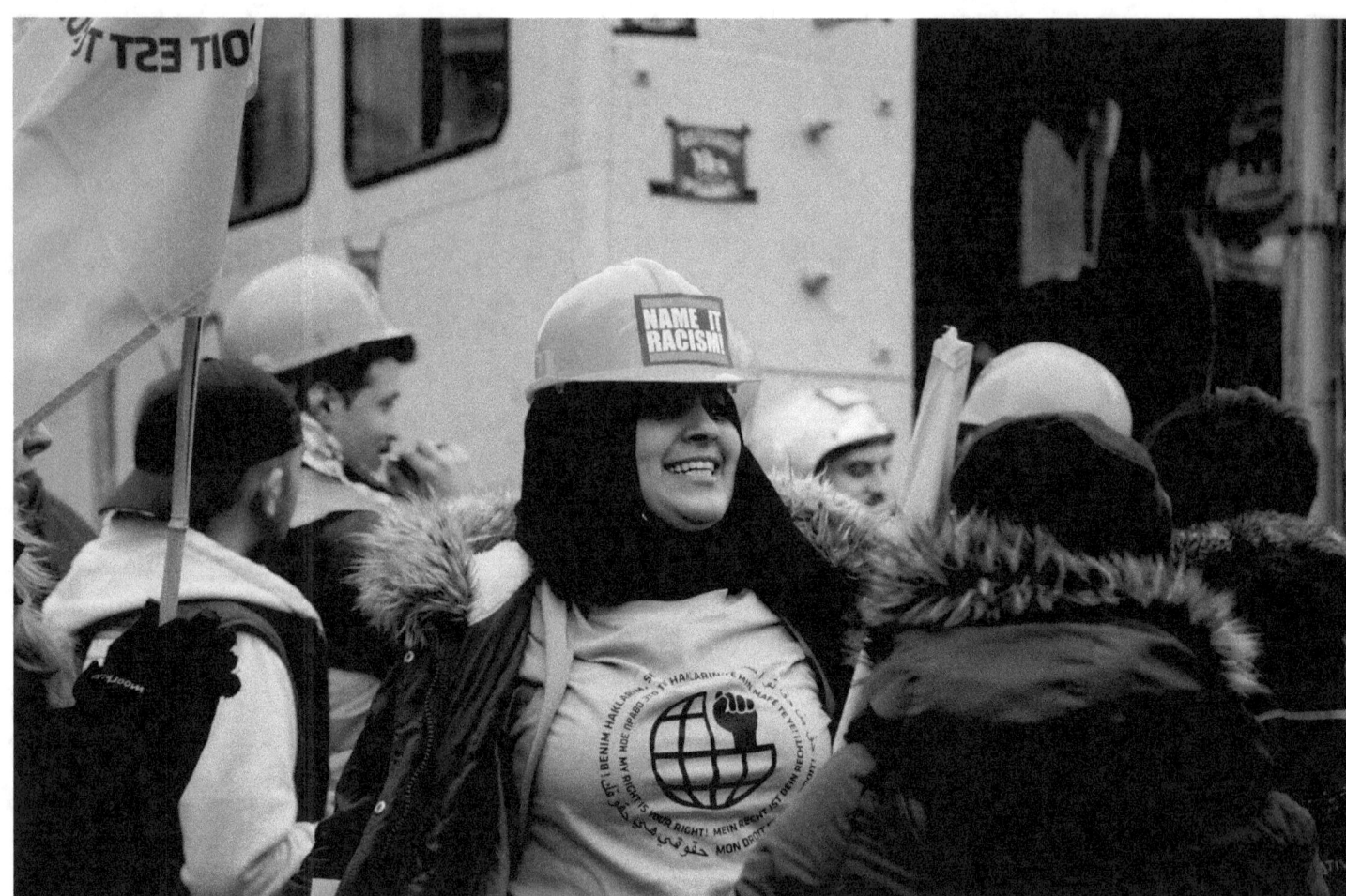

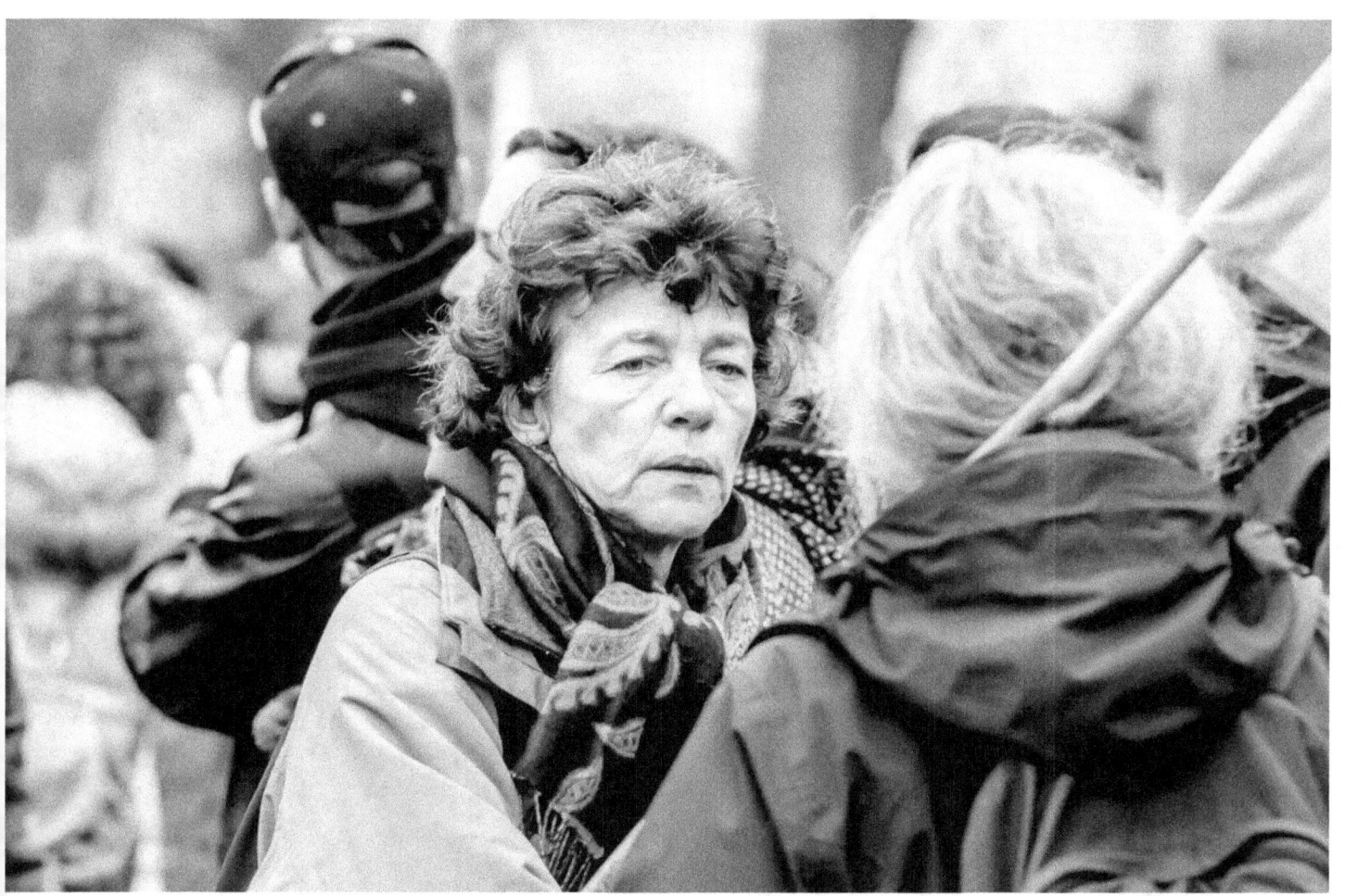

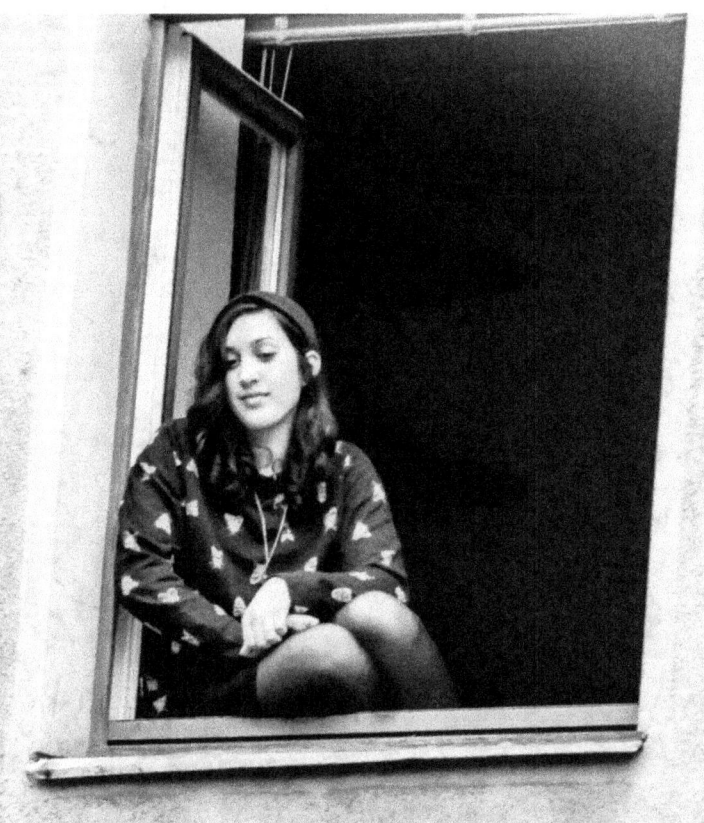

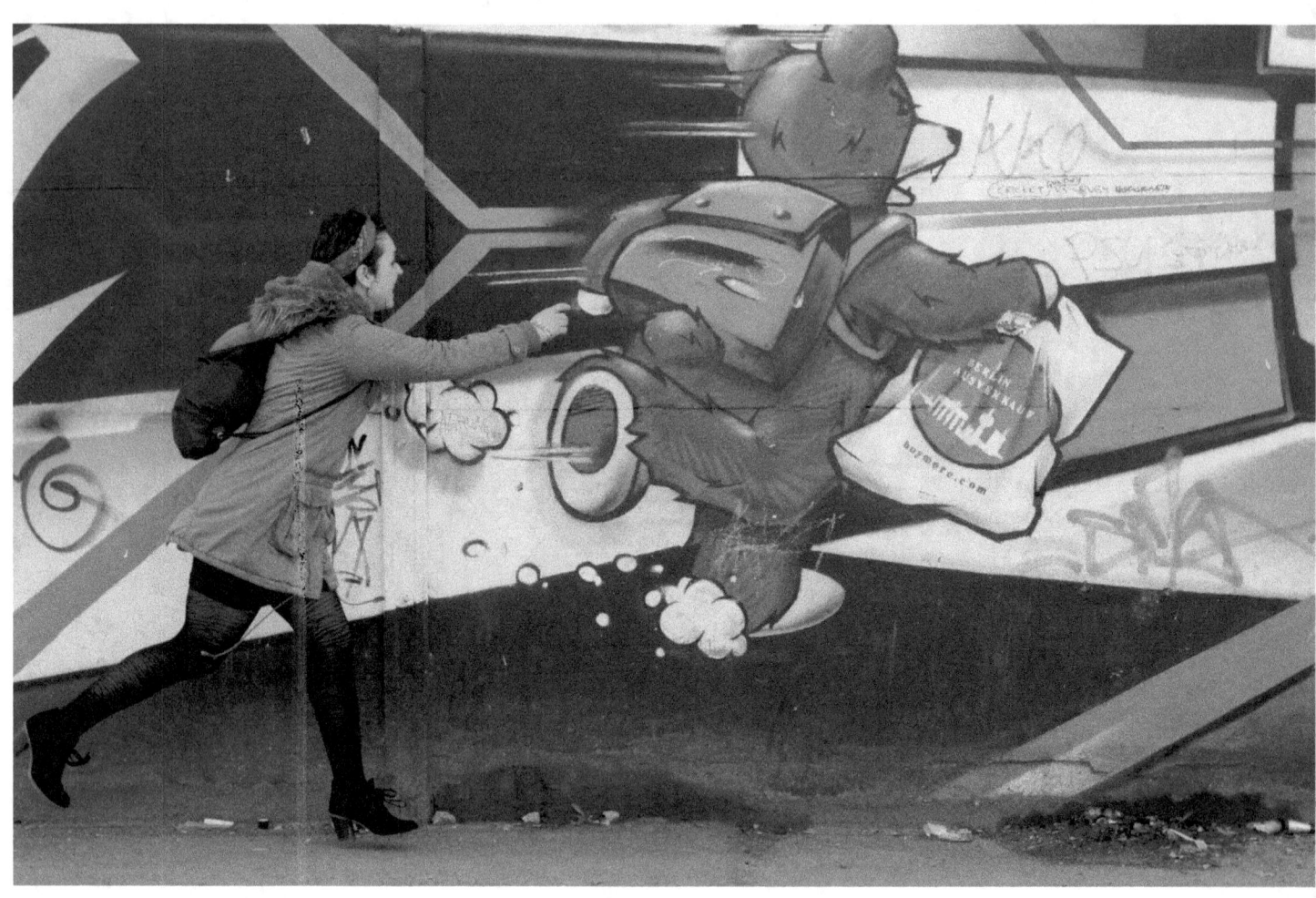

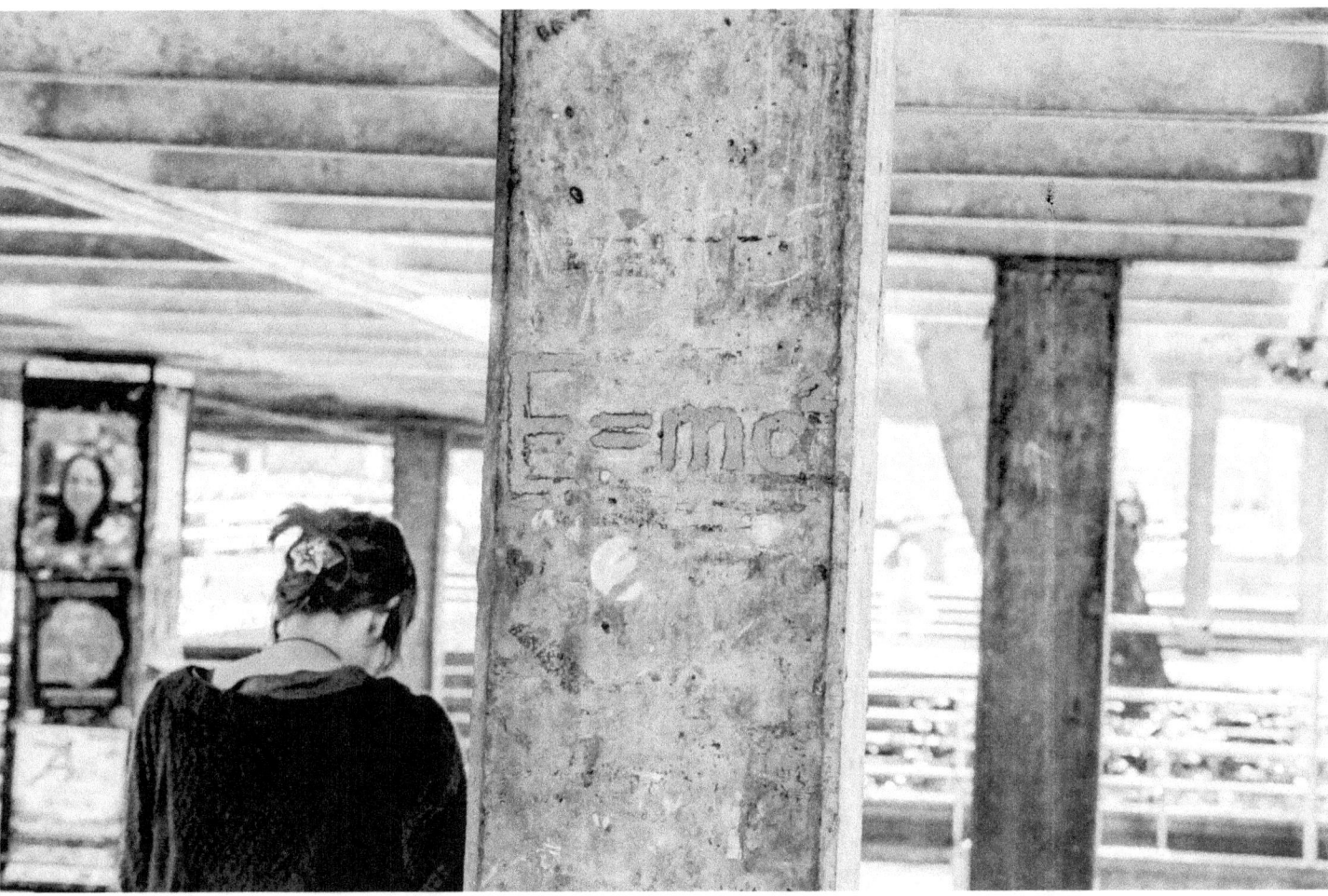

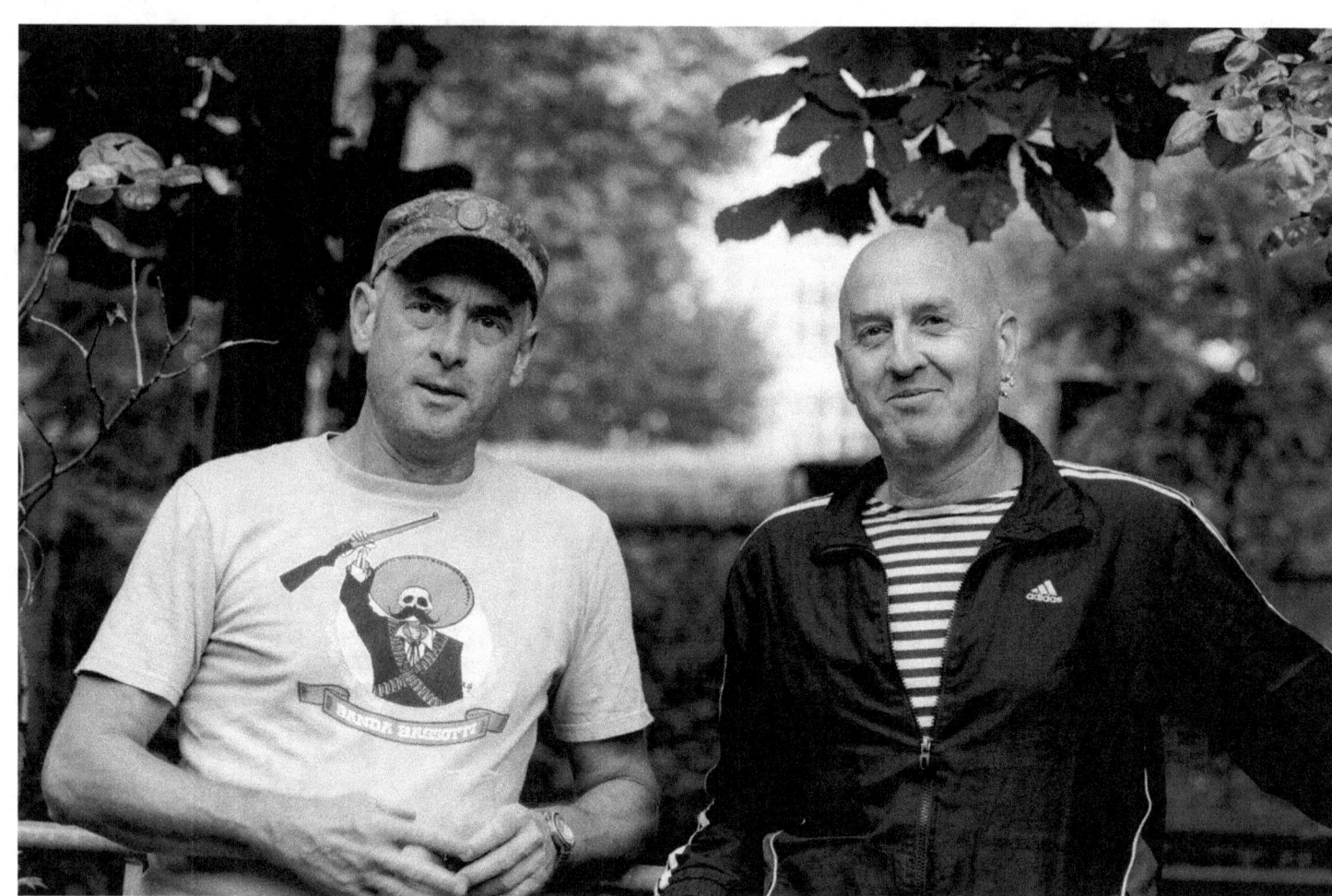

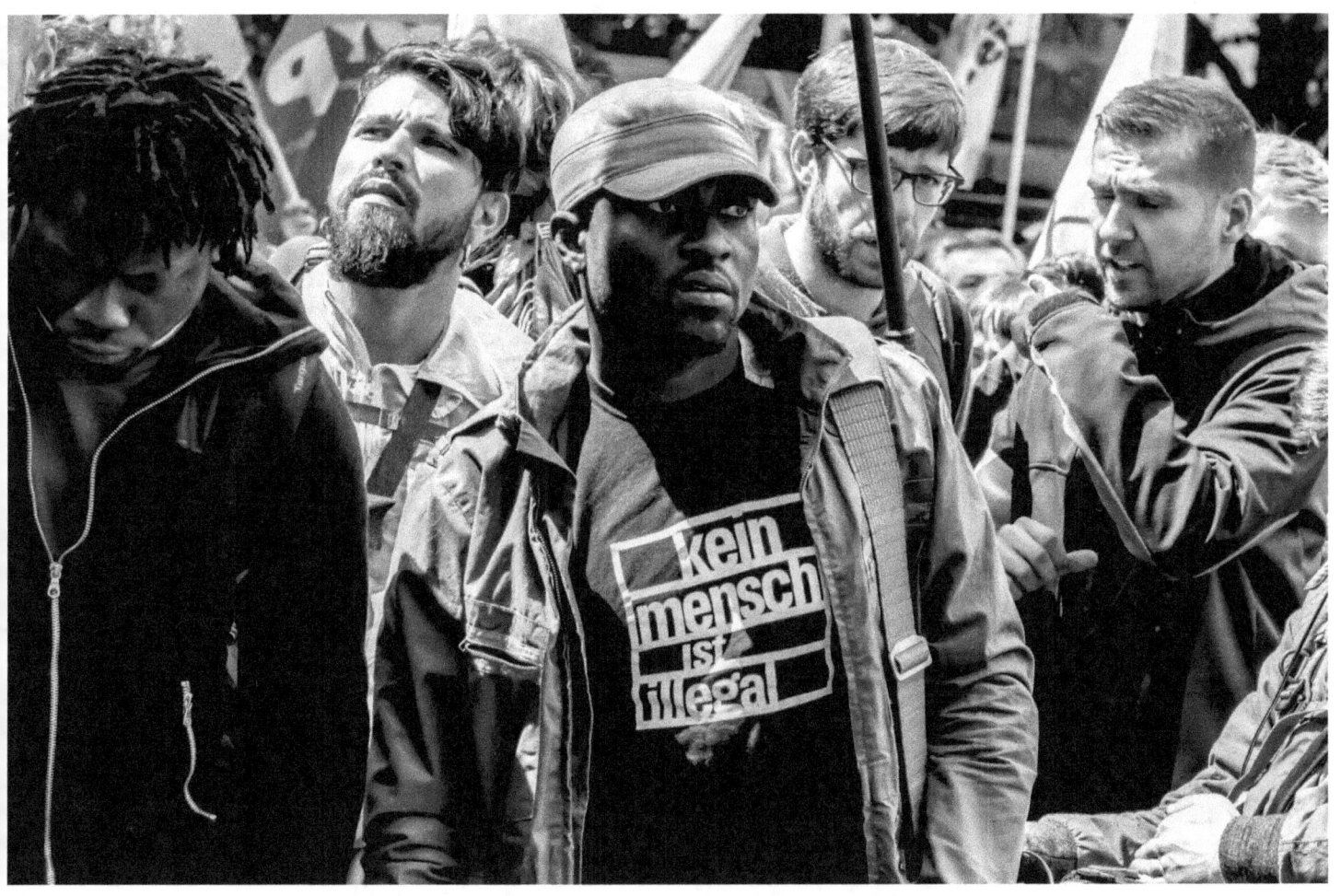

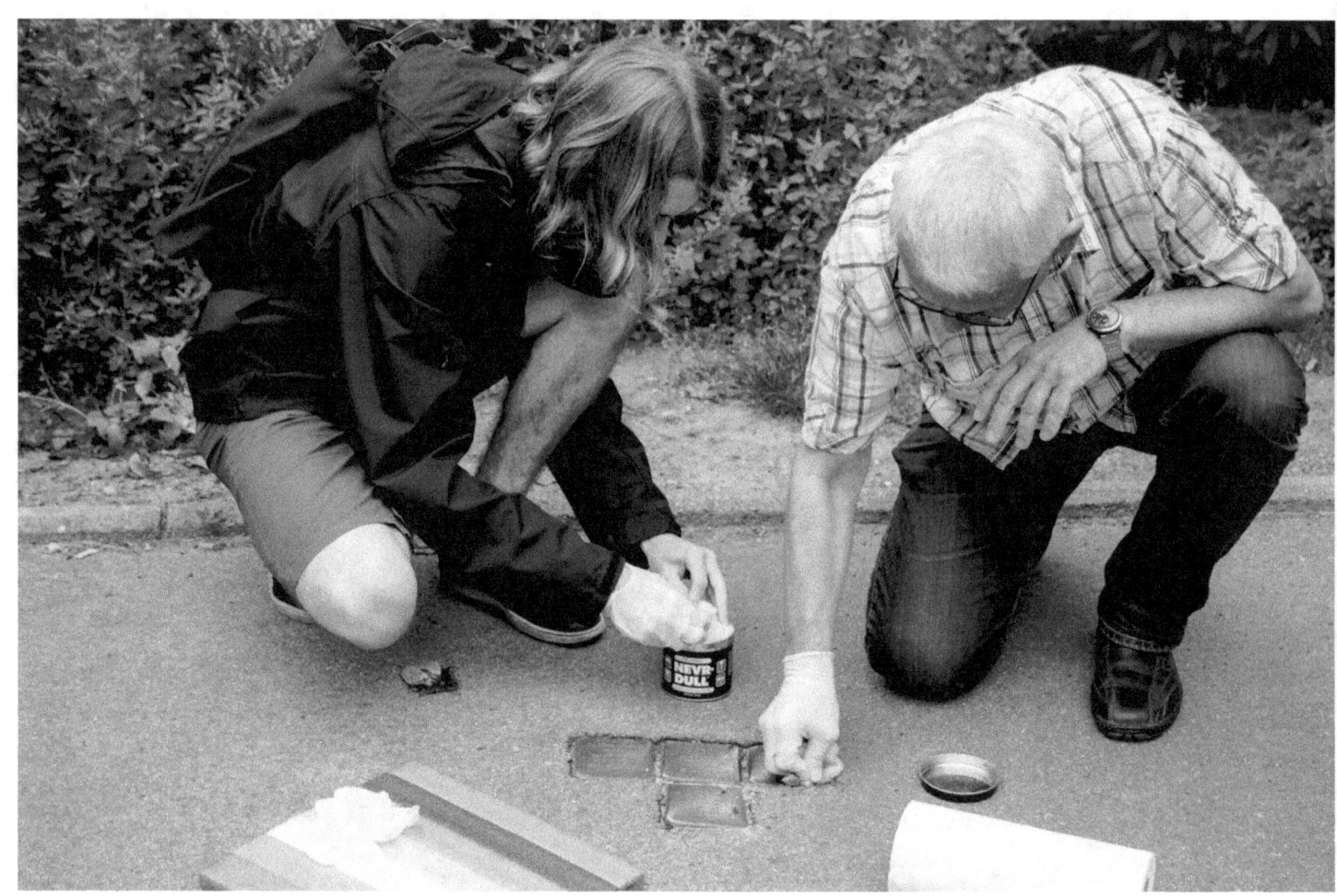

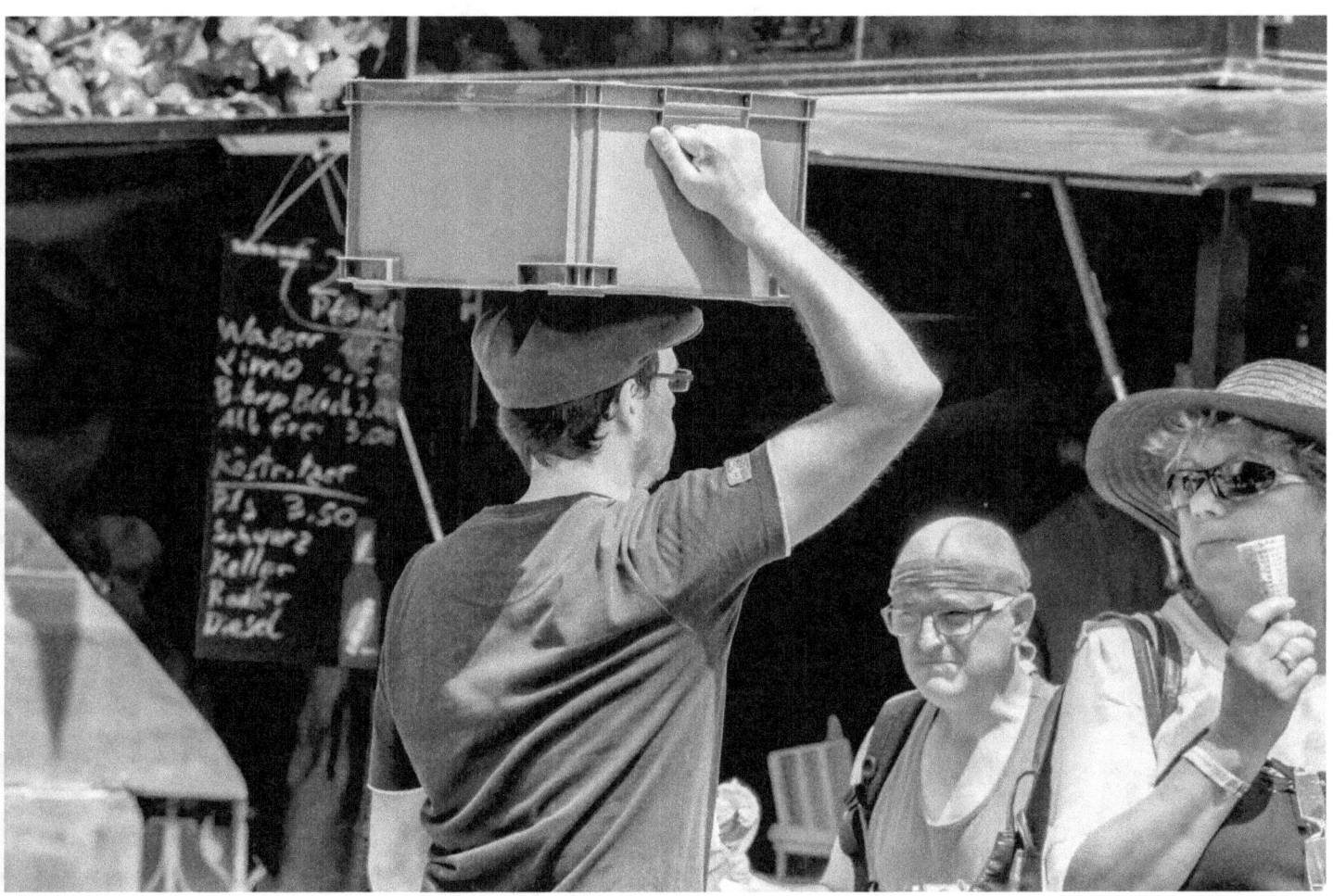

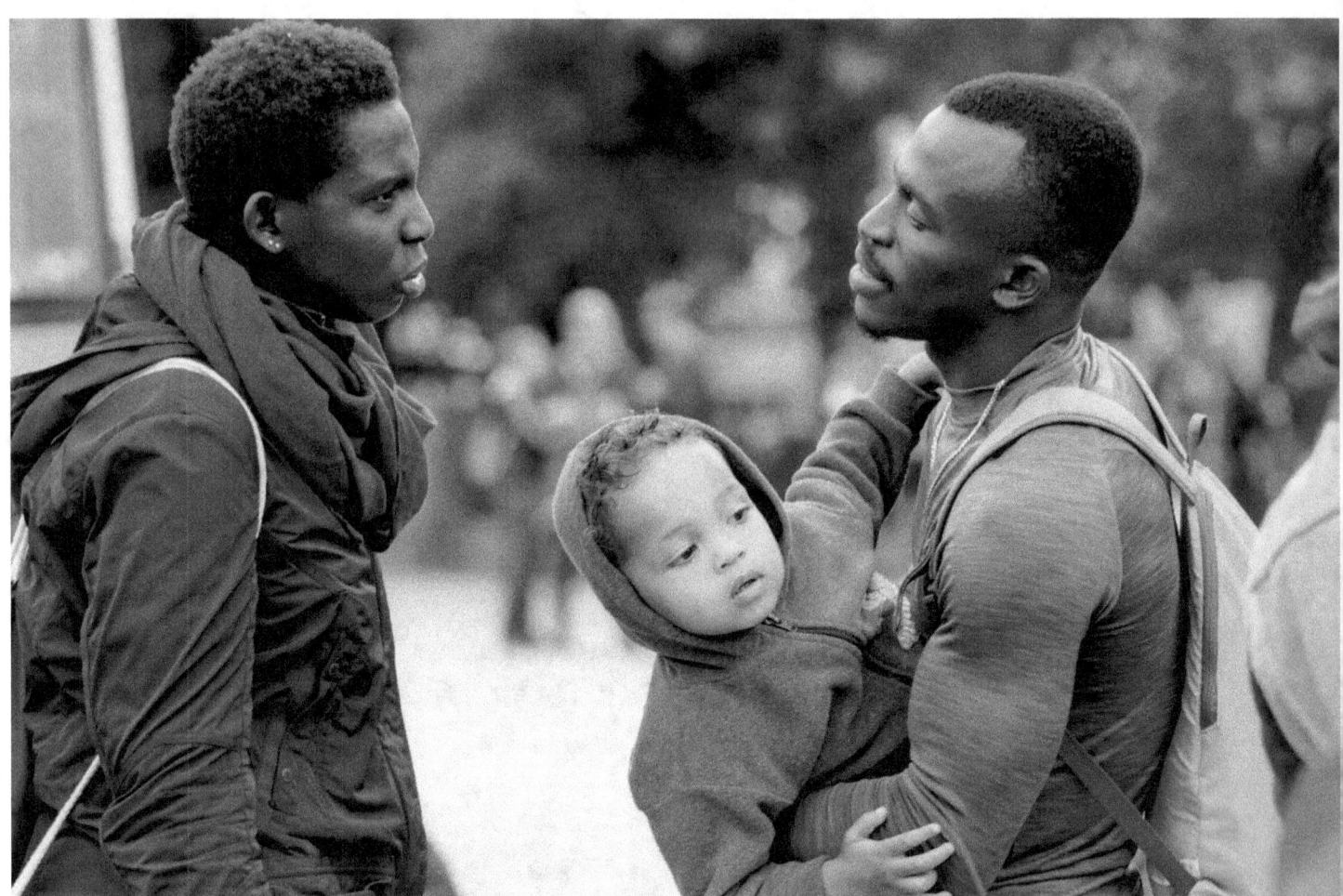

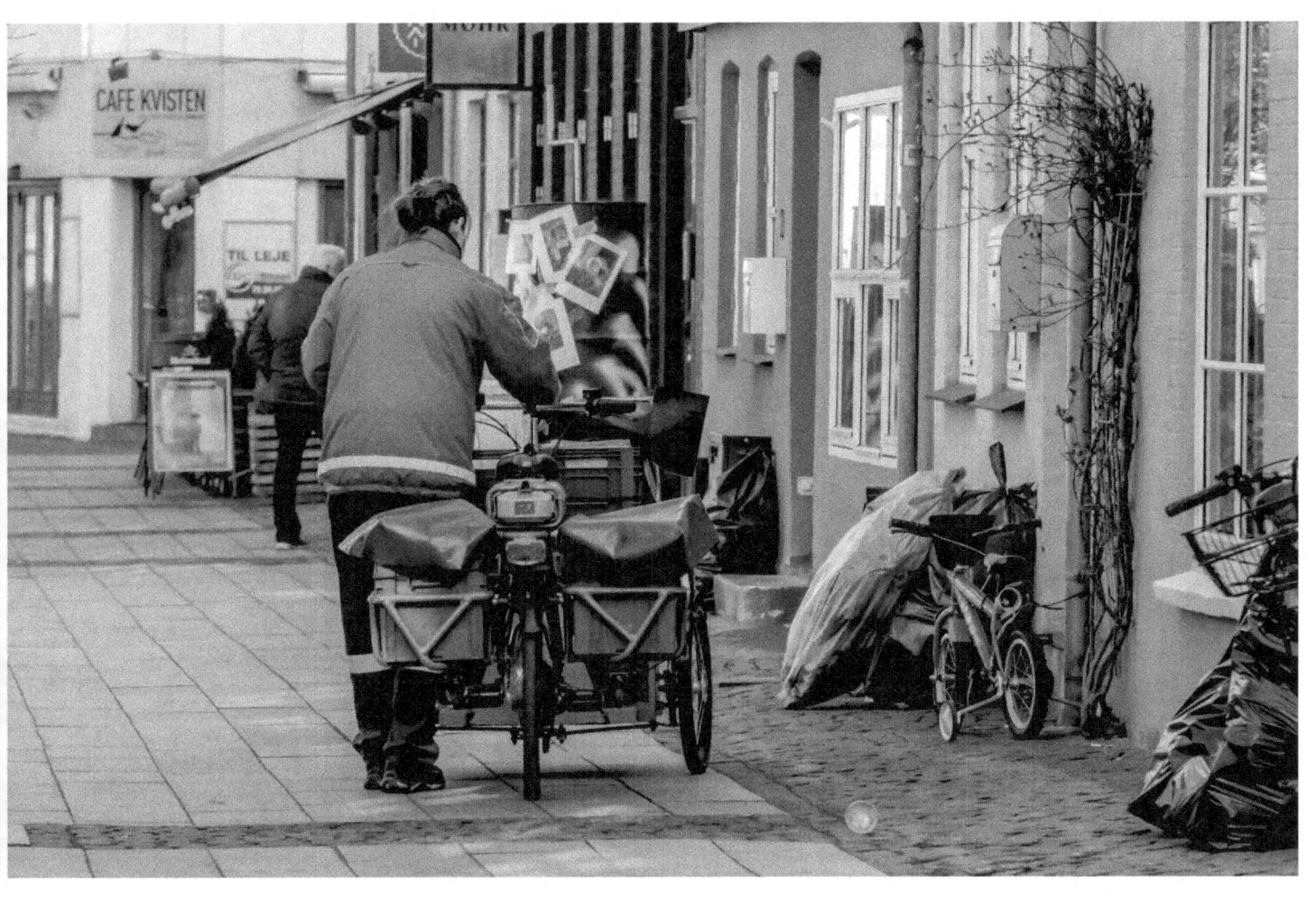

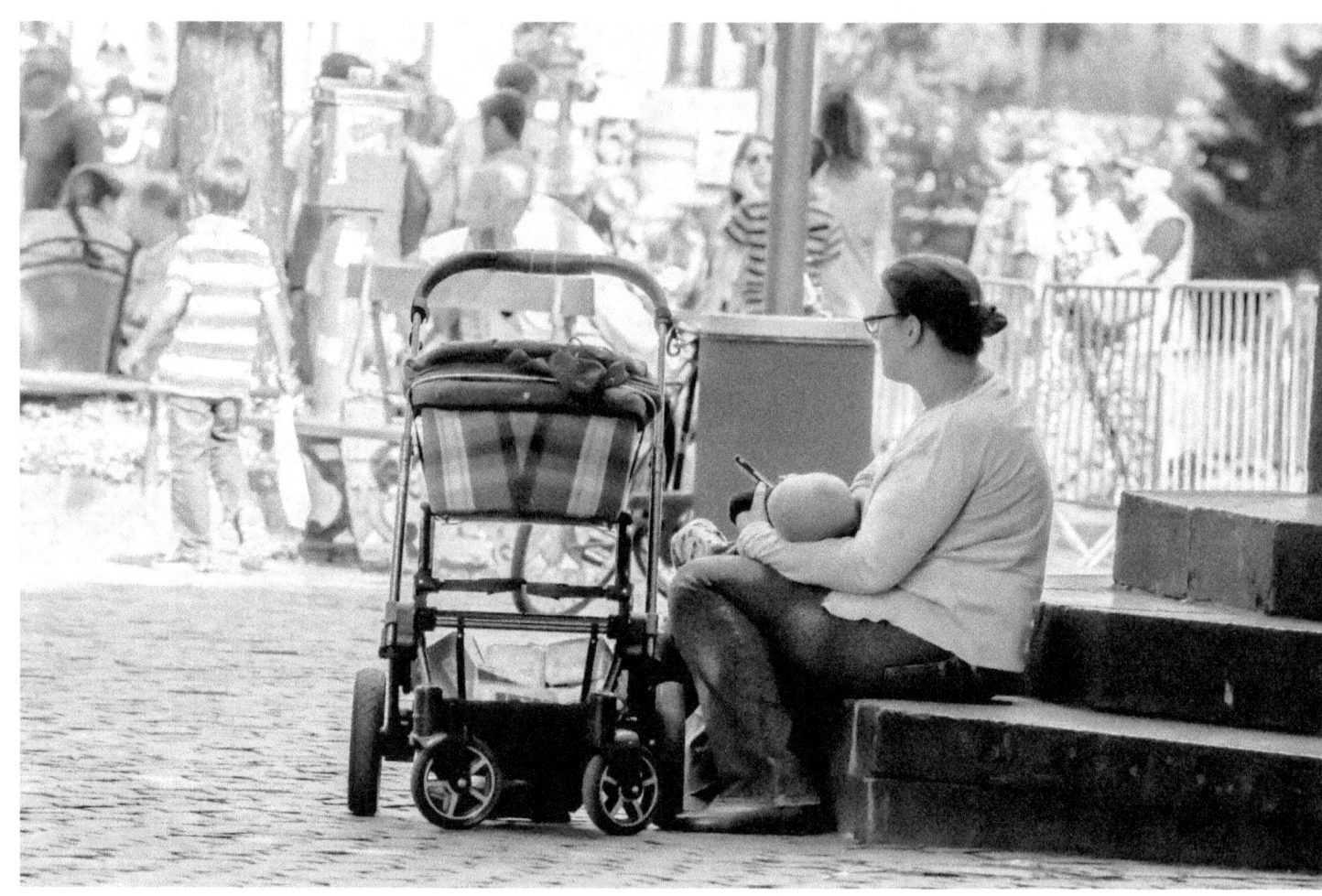

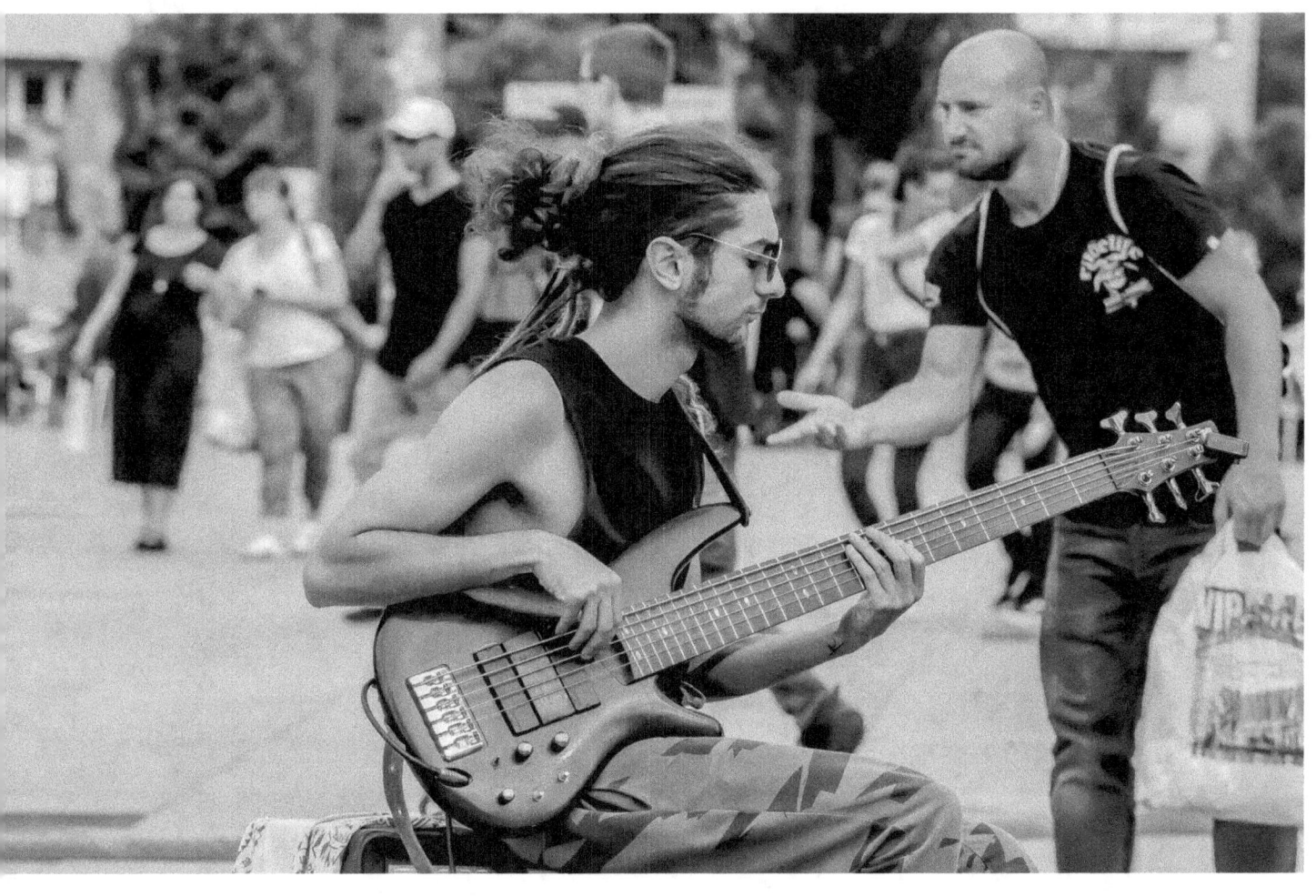

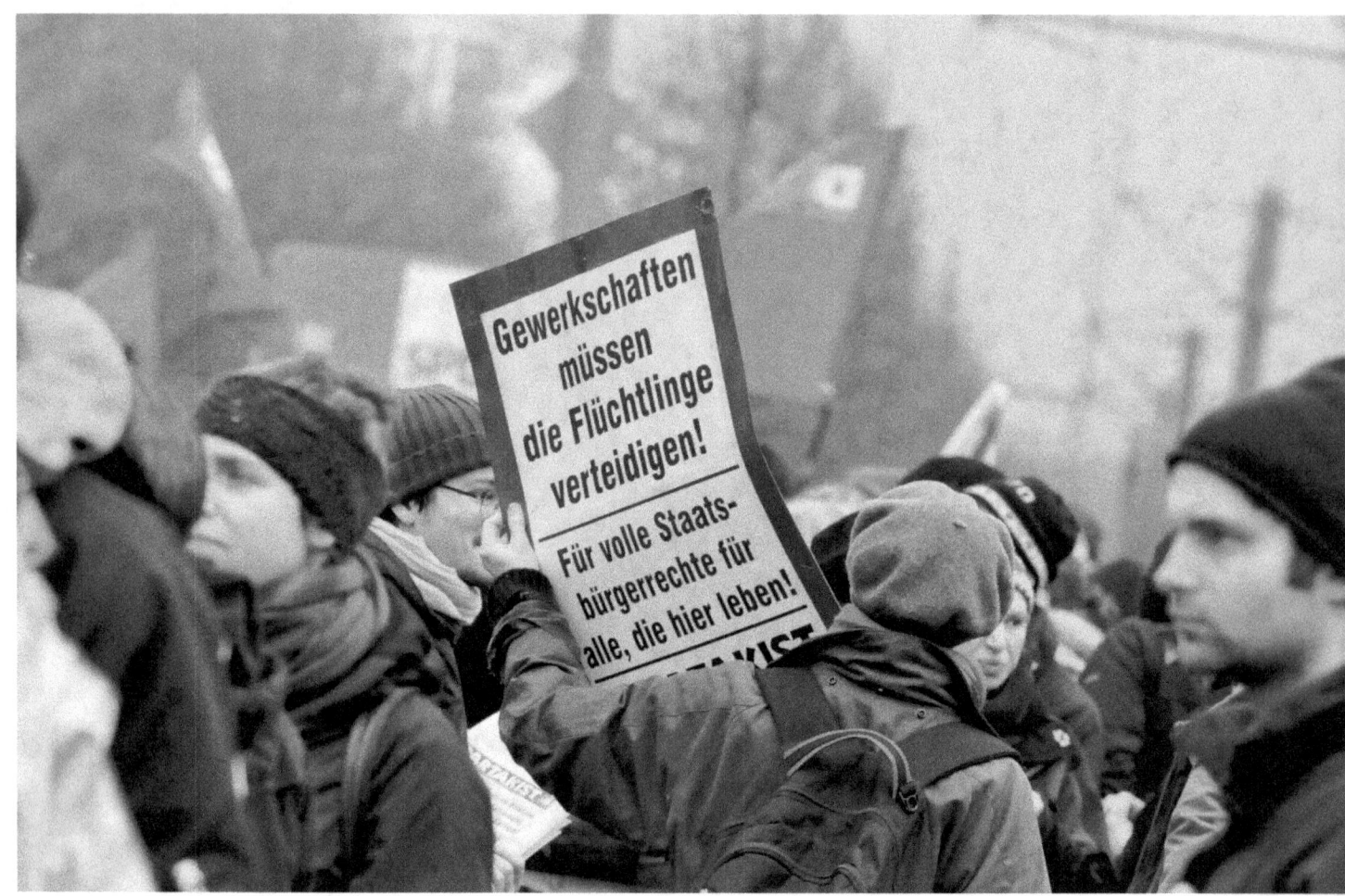

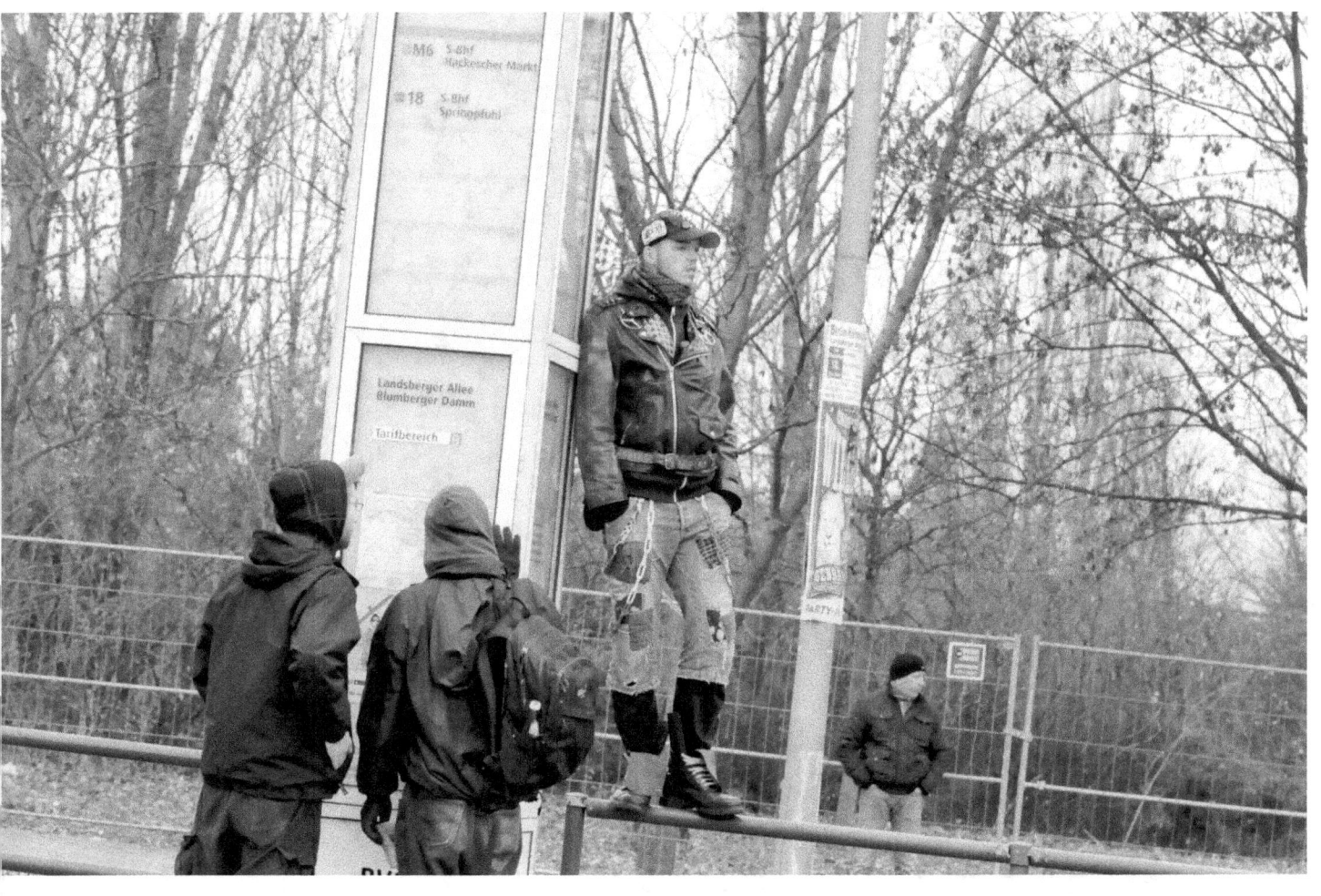

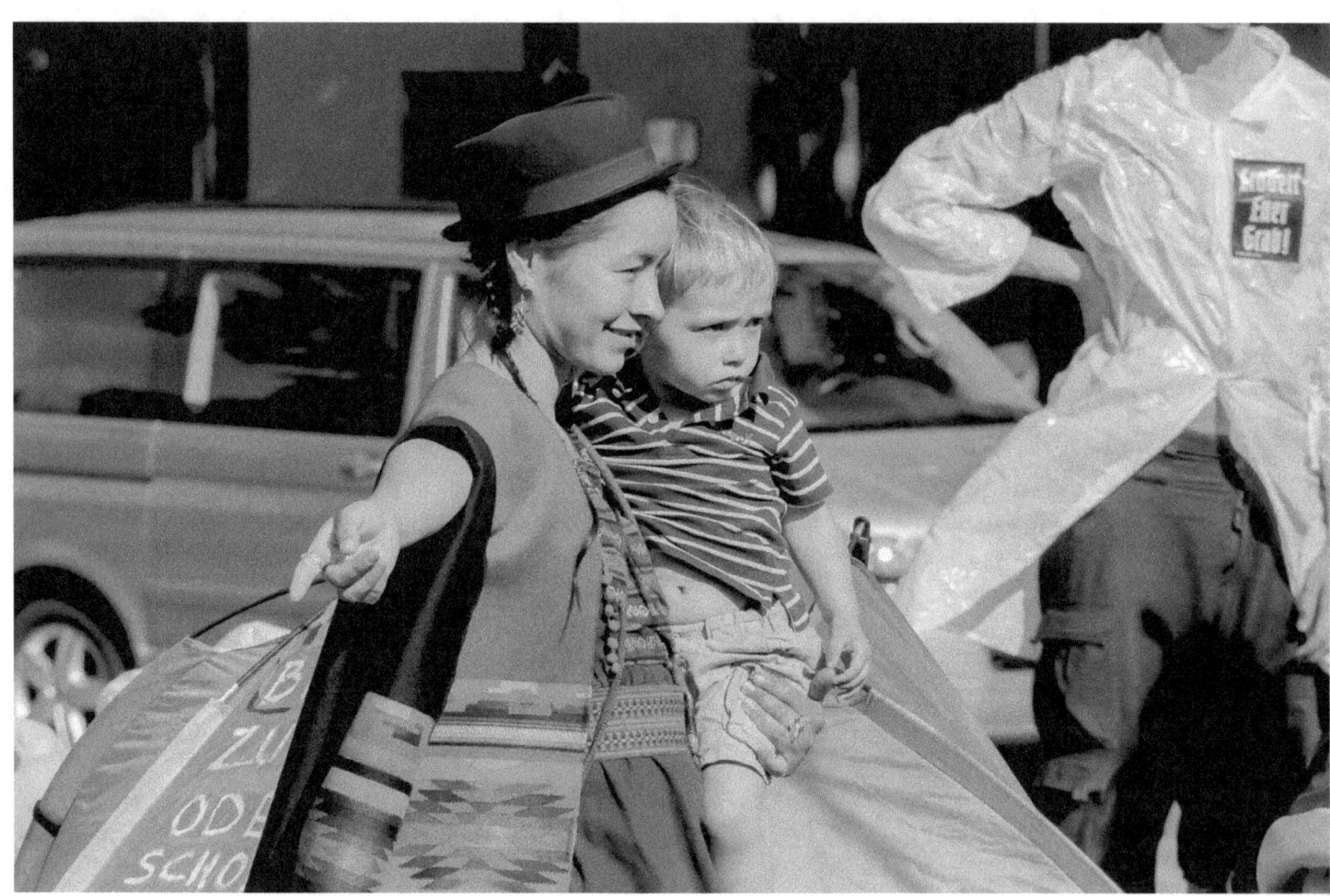

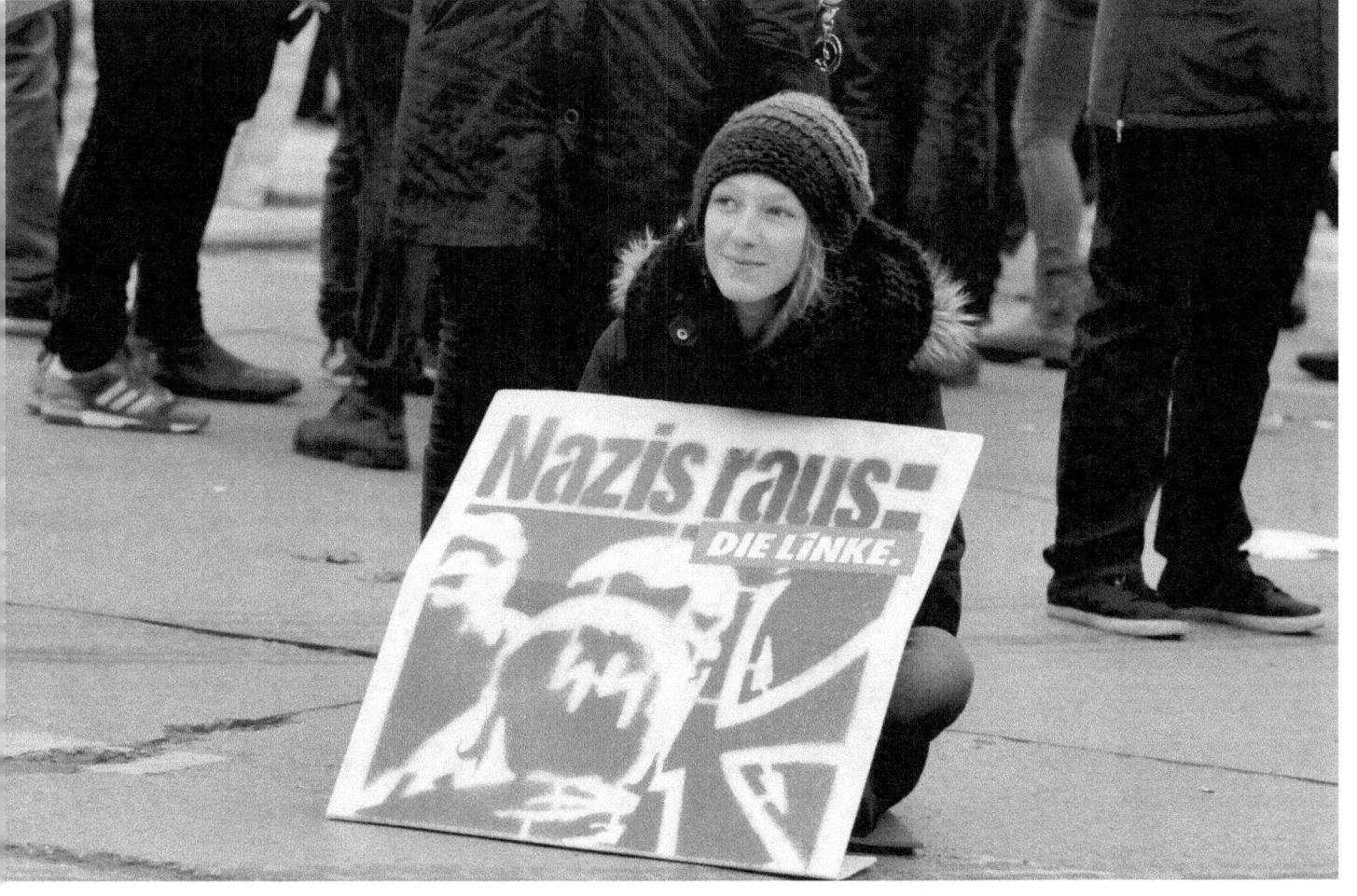

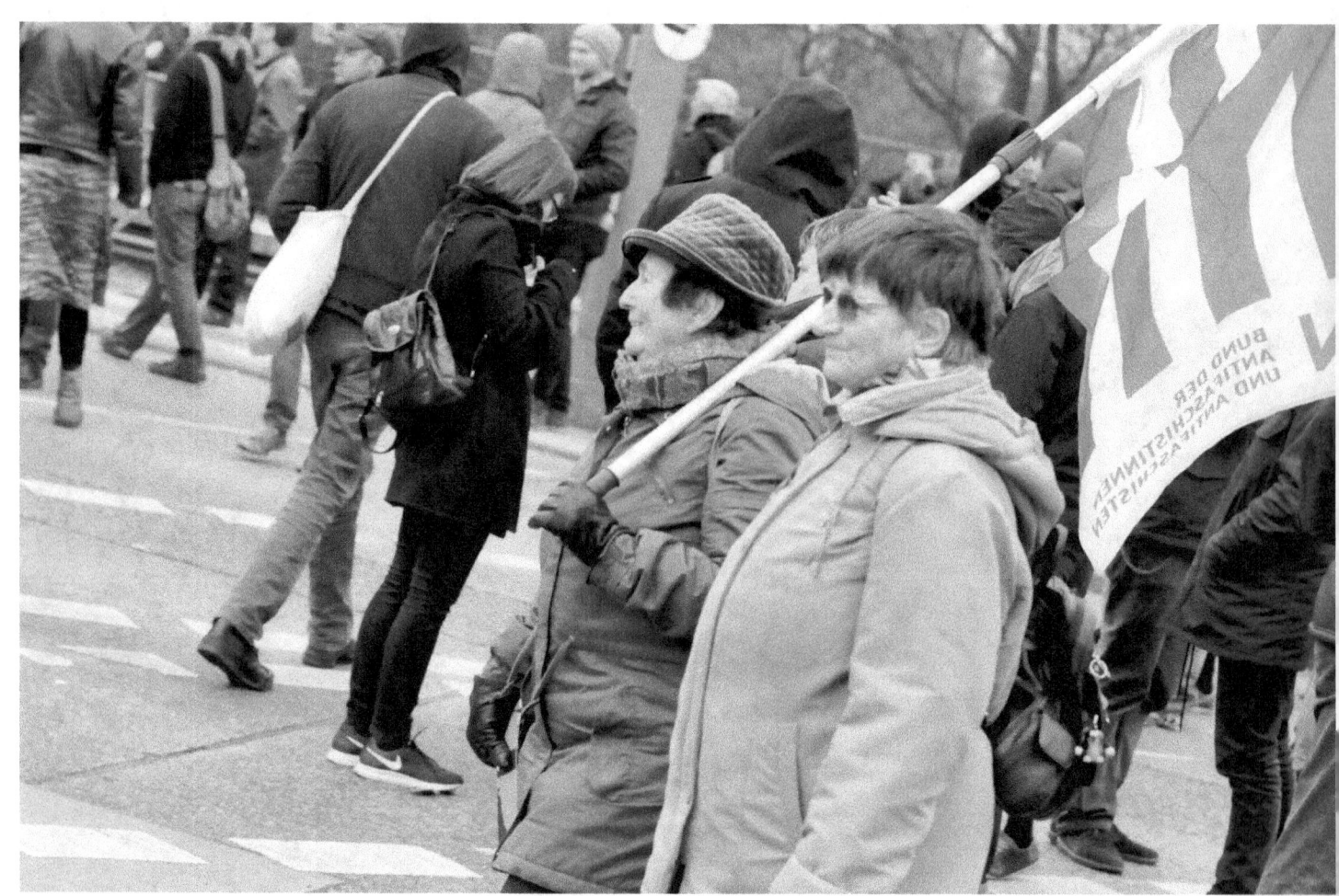

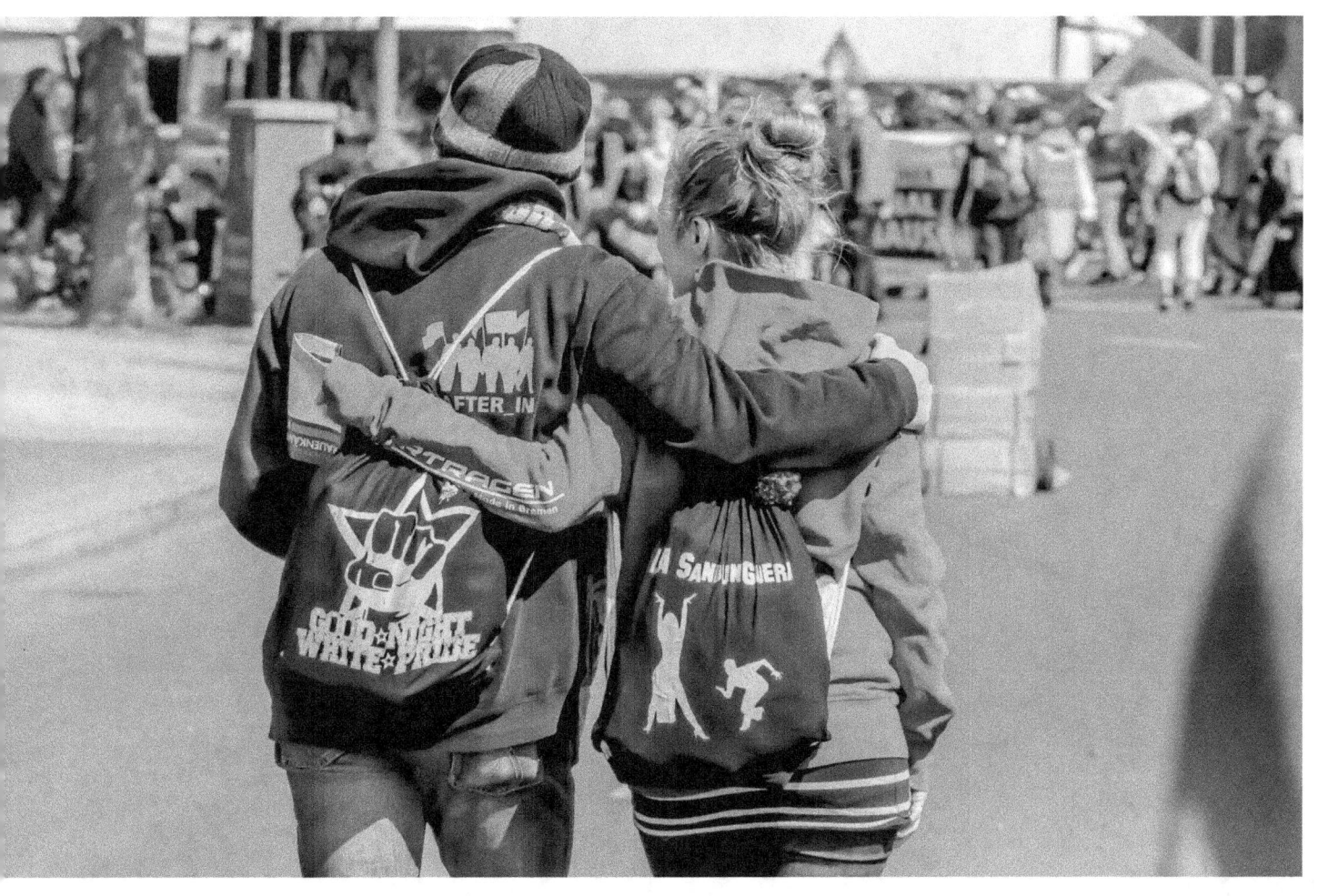

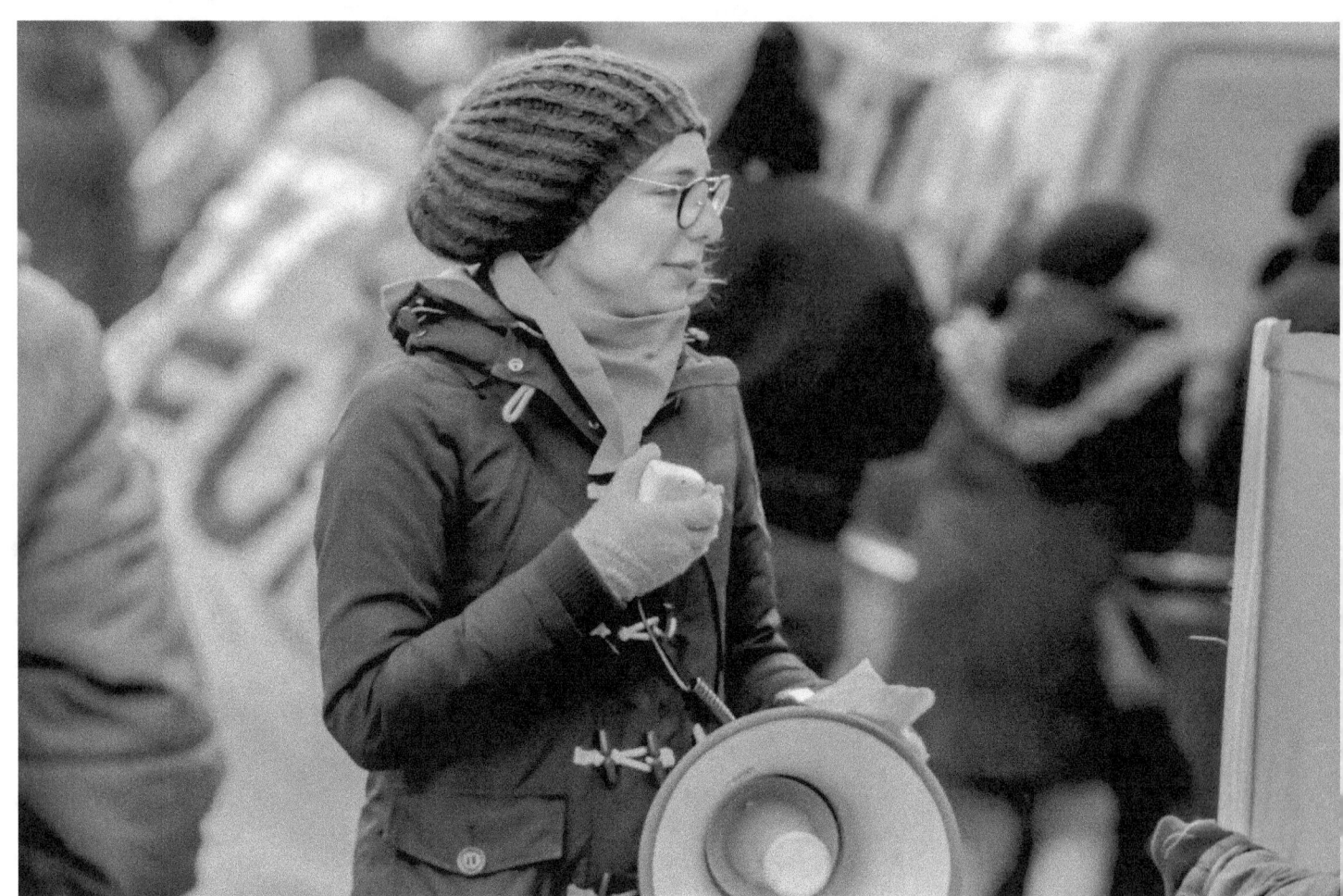

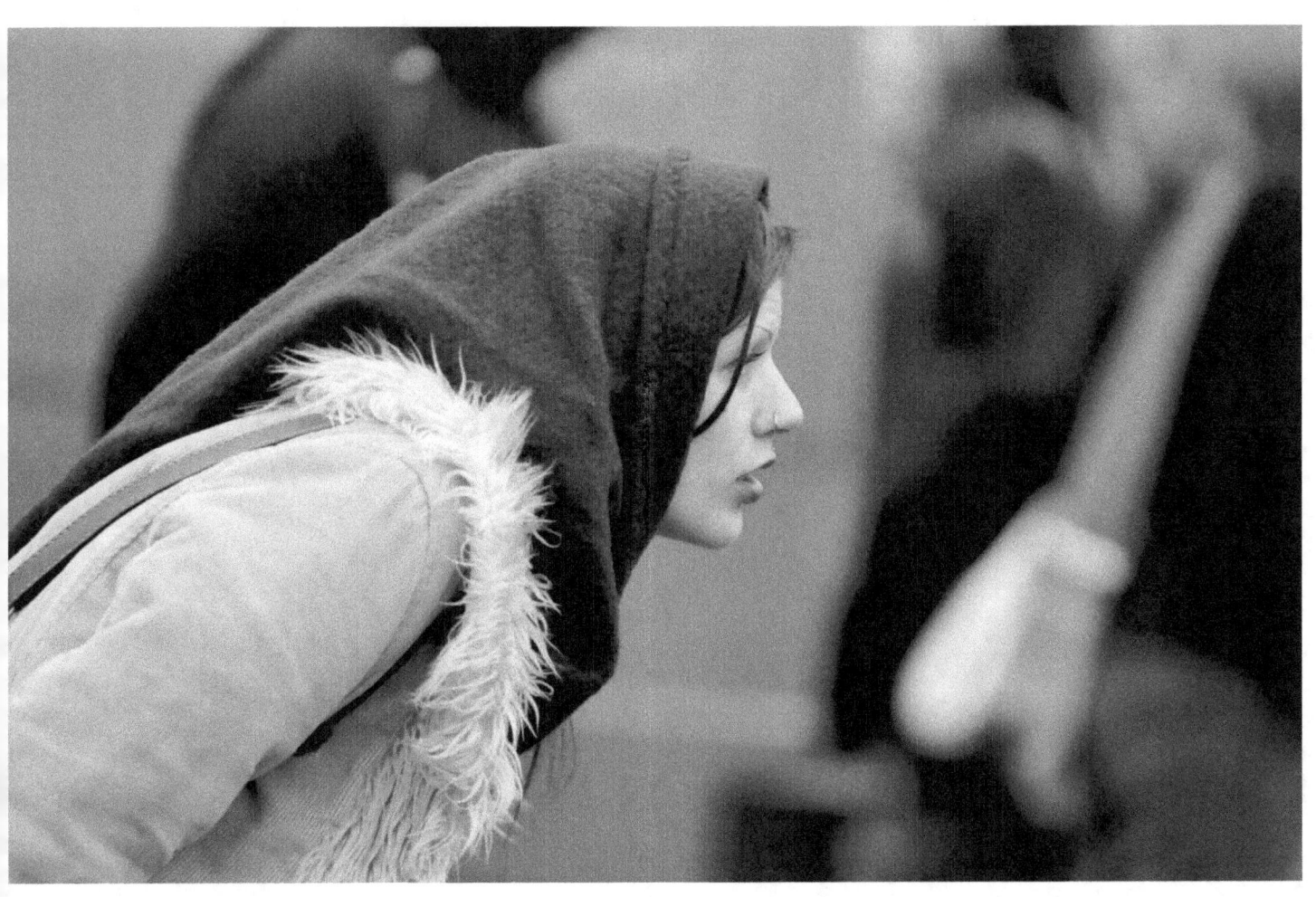

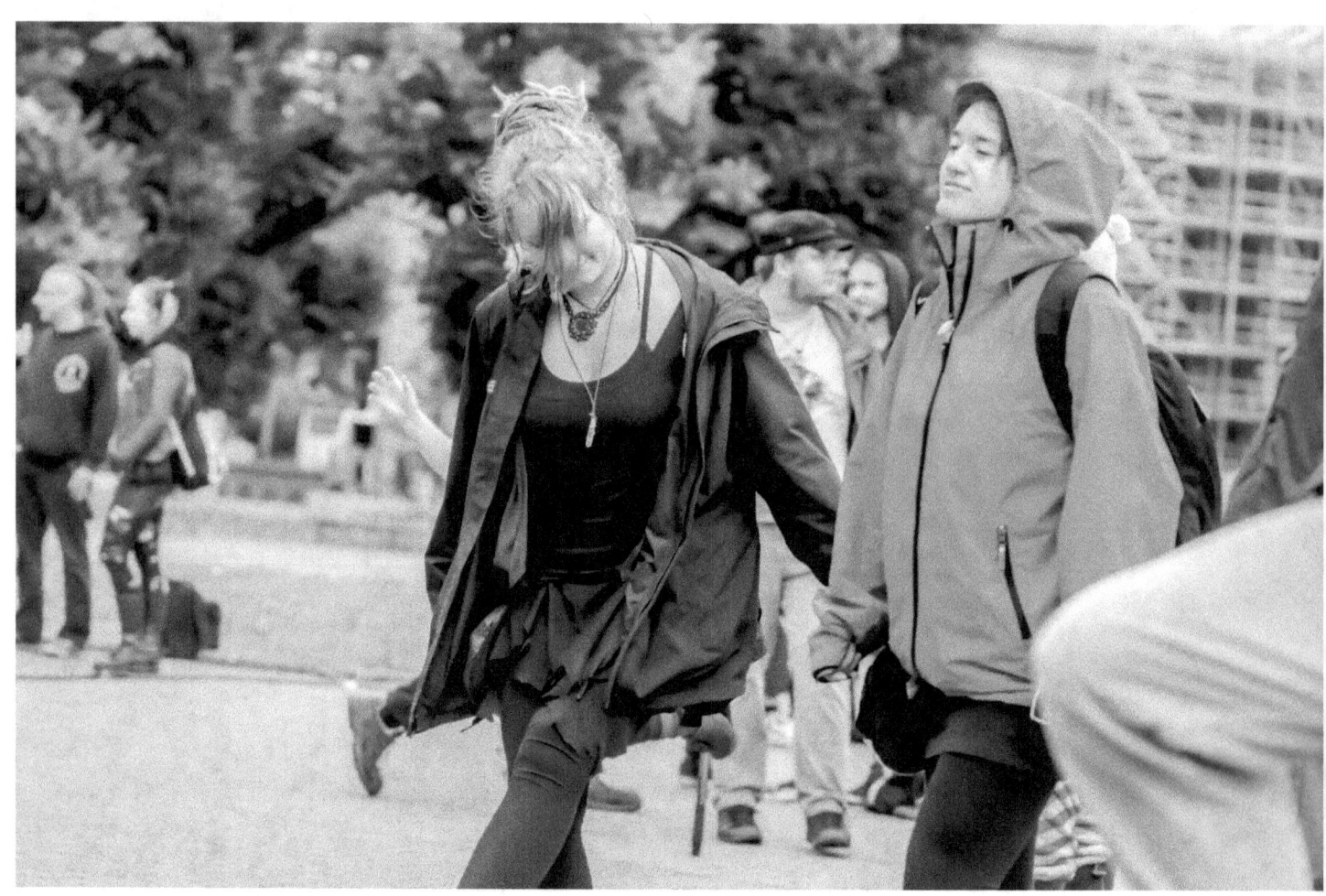

FOTOGRAFIEN VON ANDREA KÄHLER & JENS SCHULZE

Andrea ist tief im Norden eines kleinen und vergangenen Landes geboren, früh in Berlin gelandet, sich bei den Menschen hier spürbar wohlgefühlt und also geblieben. Das spiegelt sich in Andreas Fotos und ihrem Arbeitsstil, ob Porträt oder Szene, lebensfroh wider. Der hautnahe Kontakt zum Inhalt ihrer Reportagen wird dem Betrachter schnell deutlich.

Peter Zenker, Berlin

Jens wurde im Jahr 1967 im Sozialismus geboren, Spezialschule für Mathematik und Physik, Offiziershochschule der Luftstreitkräfte/Luftverteidigung der Nationalen Volksarmee mit Abschluss als Diplomingenieur für Elektrotechnik/Elektronik. 1990 unfreiwillig im Kapitalismus gelandet, zwangsläufig den Beruf gewechselt. Dann Elektroingenieur bei der Bahn und ab 1995 Bahnplaner für Gleisbau in einem selbständigen Planungsbüro. Bereits ab der frühen Schulzeit nebenbei Malerei, Grafik, Druck und Fotografie betrieben, stets verbunden mit politischer Arbeit. Im Mittelpunkt der Arbeiten stehen der Mensch und die ihn umgebende Gesellschaft.

Andrea Kähler, Berlin

IMPRESSUM

Bibliografische Information der Deutschen Nationalbibliothek:

Die Deutsche Nationalbibliothek verzeichnet diese Publikation in der Deutschen Nationalbibliografie; detaillierte bibliografische Daten sind im Internet über dnb.dnb.de abrufbar.

© 2018 Andrea Kähler & Jens Schulze

Herstellung und Verlag:

BoD – Books on Demand, Norderstedt

ISBN 9783746032443

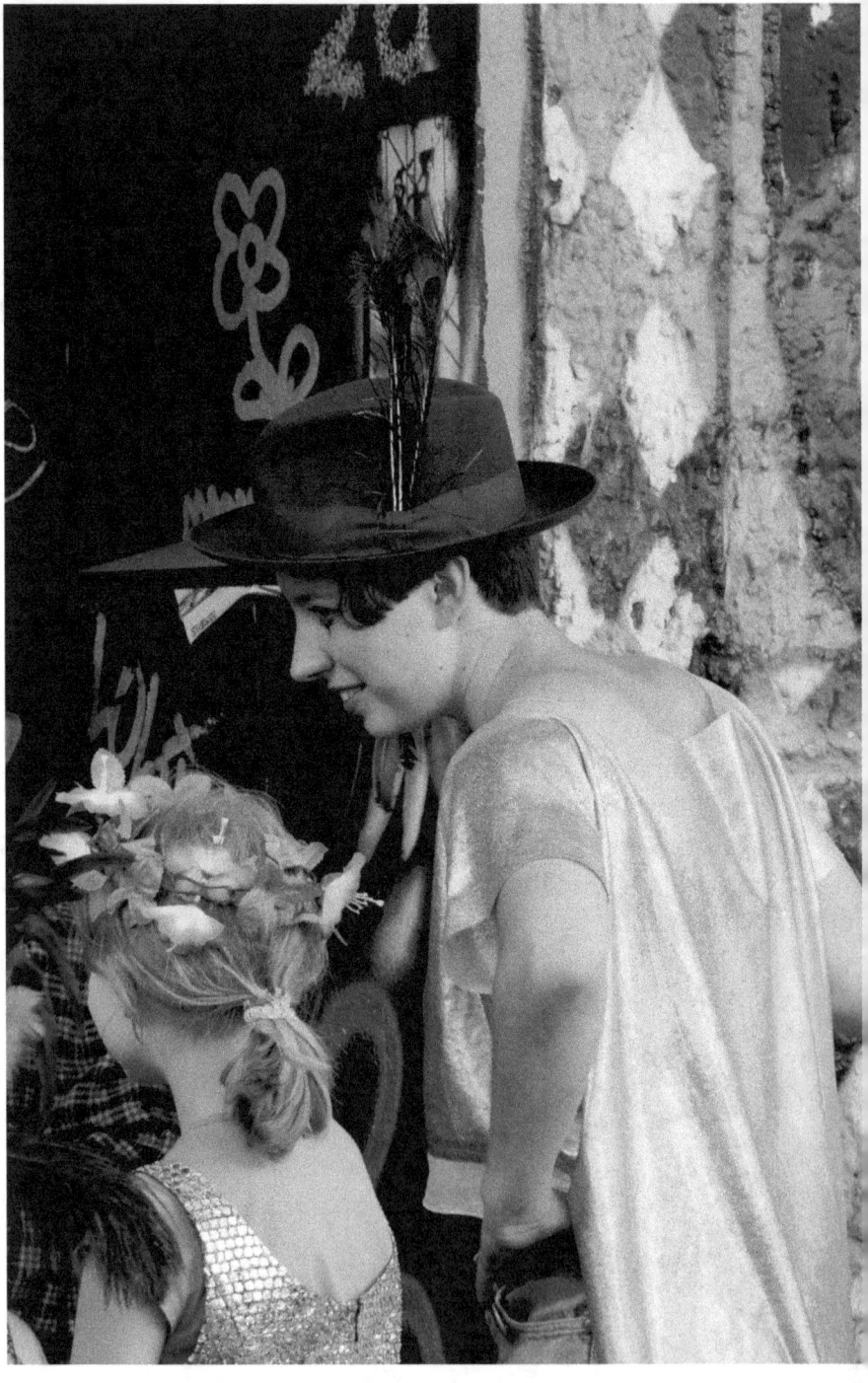